O Código Feminino
da Liderança

O futuro das organizações e de seus líderes

Editora Appris Ltda.
1ª Edição - Copyright© 2020 das autoras
Direitos de Edição Reservados à Editora Appris Ltda.

Catalogação na Fonte
Elaborado por: Josefina A. S. Guedes
Bibliotecária CRB 9/870

D149c 2020	Dalpra, Patrícia Silvia Fialho
	O código feminino da liderança : o futuro das organizações e de seus líderes / Patrícia Silvia Fialho Dalpra, Fabiana de Luna Rodrigues. - 1. ed. – Curitiba : Appris, 2020.
	183 p. ; 23 cm.
	ISBN 978-65-5820-123-6
	1. Administração. 2. Liderança. 3. Liderança em mulheres. I. Rodrigues, Fabiana de Luna. II. Título. III. Série.
	CDD – 869.3

Appris editora

Editora e Livraria Appris Ltda.
Av. Manoel Ribas, 2265 – Mercês
Curitiba/PR – CEP: 80810-002
Tel. (41) 3156 - 4731
www.editoraappris.com.br

Printed in Brazil
Impresso no Brasil

Patrícia Silvia Fialho Dalpra
Fabiana de Luna Rodrigues

O CÓDIGO FEMININO DA LIDERANÇA

O futuro das organizações e de seus líderes

FICHA TÉCNICA

EDITORIAL	Augusto V. de A. Coelho
	Marli Caetano
	Sara C. de Andrade Coelho
COMITÊ EDITORIAL	Andréa Barbosa Gouveia (UFPR)
	Jacques de Lima Ferreira (UP)
	Marilda Aparecida Behrens (PUCPR)
	Ana El Achkar (UNIVERSO/RJ)
	Conrado Moreira Mendes (PUC-MG)
	Eliete Correia dos Santos (UEPB)
	Fabiano Santos (UERJ/IESP)
	Francinete Fernandes de Sousa (UEPB)
	Francisco Carlos Duarte (PUCPR)
	Francisco de Assis (Fiam-Faam, SP, Brasil)
	Juliana Reichert Assunção Tonelli (UEL)
	Maria Aparecida Barbosa (USP)
	Maria Helena Zamora (PUC-Rio)
	Maria Margarida de Andrade (Umack)
	Roque Ismael da Costa Güllich (UFFS)
	Toni Reis (UFPR)
	Valdomiro de Oliveira (UFPR)
	Valério Brusamolin (IFPR)
ASSESSORIA EDITORIAL	Evelin Louise Kolb
REVISÃO	Andrea Bassoto Gatto
PRODUÇÃO EDITORIAL	Juliane Scoton
DIAGRAMAÇÃO	Daniela Baumguertner
CAPA	Sheila Alves
ROTEIRISTA CONSULTOR	Gustavo Penna
COMUNICAÇÃO	Carlos Eduardo Pereira
	Débora Nazário
	Kananda Ferreira
	Karla Pipolo Olegário
LIVRARIAS E EVENTOS	Estevão Misael
GERÊNCIA DE FINANÇAS	Selma Maria Fernandes do Valle
COORDENADORA COMERCIAL	Silvana Vicente

PREFÁCIO

Você conhece a Ilha de São Martinho?

Trata-se de um pequenino país localizado no mar do Caribe.

Quando a ameaça do Coronavírus chegou, os líderes locais estavam em uma posição ainda mais delicada do que a maior parte dos governantes globais.

Afinal...

Por ser um país tão bonito, recebia cerca de 500.000 turistas por ano.

Por ser um país tão pequeno, tinha apenas DOIS leitos de UTI.

E boa sorte.

Silveria Jacobs, a primeira-ministra, não queria forçar uma paralização. Mais do que isso, queria que as pessoas optassem por agir com segurança. Então, em seu discurso, pediu:

"Simplesmente. Pare. Se você não tem o pão que gosta em sua casa, coma biscoitos. Coma cereais. Coma aveia. Coma... sardinha!".

Responsabilidade e clareza de comunicação. Resultado? No momento em que este texto foi escrito, o Brasil acumulava 140 mortes para cada milhão de habitantes. São Martinho não chegava a 20.

O fato: alguns países com líderes masculinos se saíram bem no meio da crise, mas pouquíssimas mulheres se saíram mal.

A pergunta: Como?!

Talvez três palavras-chave possam elucidar o assunto.

COMUNICAÇÃO

A chanceler alemã, Angela Merkel, tem doutorado em Química Quântica. Isso não significa que ela só use palavras difíceis e fale de um jeito técnico que ninguém consegue entender. Muito pelo contrário! Ela traduz a ciência com clareza para as pessoas.

Foi direta e honesta ao afirmar que o país estava enfrentando a maior crise desde 1945, e que as análises estatísticas mostravam que 70% da população seria contaminada a longo prazo.

Os índices de aprovação do governo dispararam após o início da pandemia.

DETERMINAÇÃO

Tsai Ing-wen, a presidente de Taiwan, apresentou uma das respostas mais rápidas para a pandemia. Ainda em janeiro, ela introduziu 124 medidas para bloquear a propagação.

Estamos entrando em junho, quantas medidas federais efetivas temos no Brasil?

Ações de higiene pública em massa, quarentena para viajantes e desinfecção de áreas públicas. Conclusão? Evitou o bloqueio total e, agora, dá-se o luxo de ajudar outros países. Taiwan está enviando milhões de máscaras para os EUA e a Europa.

Até opositores políticos aplaudiram Tsai.

EMPATIA

Jacinda Arden, primeira-ministra da Nova Zelândia, entendeu que a crise era crise para todos. Ela anunciou a seus ministros de seu gabinete que todos os executivos-chefes de serviço público e ela própria receberiam um corte de 20% no salário nos próximos seis meses.

As palavras demonstravam a mesma delicadeza que as ações. Em um dos seus discursos, ao invés de impor o que é certo, pediu por favor.

"Por favor, seja forte, seja gentil.

E una-se contra o Covid-19".

Talvez, ao invés de entrar no detalhe de todos os exemplos, você prefira ver esta tabela com alguns países que selecionamos.

Os dados são do dia 31 de maio de 2020.

LÍDER	PAÍS	MORTOS POR MILHÃO DE HABITANTES
Sr. Boris Johnson	Inglaterra	593
Sr. Pedro Sánchez	Espanha	547
Sr. Walter Thurnher	Suíça	495
Sr. Emmanuel Macron	França	426
Sr. Donald Trump	USA	323
Sr.ª Angela Merkel	Alemanha	105
Sr.ª Silveria Jacobs	São Martinho	18
Sr.ª Katerina Sakellaropoulou	Grécia	16
Sr.ª Jacinda Arden	Nova Zelândia	5
Sr.ª Tsai Ing-wen	Taiwan	0.29

De qualquer forma, fica claro que o mundo inteiro se viu diante de uma crise diferente de tudo que havíamos visto. Você tinha planos? Provavelmente, mudaram. Nesse momento, tivemos que nos redesenhar e lidar com frustrações, medos e preocupações inesperadas.

Isso é verdade para todos. Mas os líderes tiveram um item adicional.

Eles também tiveram que lidar com as escolhas.

Continuar, ou não, com as lojas abertas?

Manter, ou não, o escritório funcionando?

Por quanto tempo continuar pagando os funcionários inativos?

Quando os recursos são escassos, cada decisão vale o dobro. A decisão sobre onde aplicar energia se tornou o principal critério de divisão entre os que sobreviveram e os que sucumbiram.

E, no fundo, talvez todas essas alternativas sejam apenas os reflexos de uma decisão maior e mais profunda. A mais importante de todas...

Afinal, qual líder você quer ser?

A Amazon se adaptou para continuar suas operações. Mas, mais do que isso, criou um fundo de US$ 5 milhões para ajudar as pequenas empresas ao redor da sua sede.

A Johnson & Johnson China está fornecendo suprimentos médicos e equipamentos de proteção para organizações que apoiam médicos e pacientes.

O Zoom está oferecendo seus serviços gratuitamente para escolas de ensino fundamental e médio.

A LVMH (dona de marcas como a Dior) está usando plantas para criar desinfetantes gratuitos para hospitais públicos.

Mais do que nunca, a humanidade atravessa um momento em que o desempenho deixou de ser medido pelo preço das ações e sim por quanto a companhia tem um propósito e uma razão de existir. Mais do que nunca, as companhias precisam mostrar a que servem, mais do que quanto valem.

Não podemos nos enganar, atrás de todas essas decisões existem seres humanos. Pessoas de carne e osso, sentadas atrás de uma mesa, quebrando a cabeça para encontrar um jeito de fazer alguma diferença.

Quando dissemos "onde depositar energia", logo acima, falávamos principalmente da nossa energia pessoal!

Um bom exemplo, talvez, seja Adam Silves.

Líder da National Basketball Association (NBA), foi ele quem decidiu que a liga profissional de basquete estaria suspensa. O que mais impressiona não foi a decisão, e sim a data! Dia 11 de março. Muito antes de os governos federal e estaduais dos Estados Unidos tomarem alguma ação oficial de isolamento.

Adam acabou empurrando a primeira peça do dominó. Depois dele, as ligas de hóquei, futebol americano e outras tantas acabaram fazendo o mesmo. Interromperam as operações para proteger as pessoas.

É fácil fazer o que é certo quando todos estão te apoiando. É difícil fazer o que é certo quando não tem ninguém ao seu lado. Quanta energia pessoal (vulgo: coragem) não é necessária para ser o primeiro a tomar a decisão? Em contrapartida, considerando o tamanho das plateias esportivas nos Estados Unidos, quantas vidas ele salvou?

Coincidentemente naquele mesmo dia, horas depois, a Organização Mundial da Saúde decretou o vírus com o status de Pandemia Global.

Ponto importante!

A qualidade de líder que você é altera, diretamente, a qualidade de colaborador que você atrai. Uma pesquisa realizada recentemente pelo LinkedIn[1] mostrou que os funcionários de hoje fazem escolhas mais profundas do que "dinheiro".

De fato, 65% preferem salários mais baixos e 26% preferem não ganhar uma promoção importante para evitar um ambiente ruim no trabalho. Hoje, finalmente, aprendemos que nossa profissão é, simplesmente, uma parte da nossa vida. Portanto, ela deve ser boa.

Conclusão?

A crise que estamos enfrentando desvelou o óbvio. O líder que você é está conectado com a competência e engajamento do seu time, com a sustentabilidade do seu trabalho e com os resultados que você traz.

A antropóloga Debora Diniz, uma das maiores pesquisadoras dos impactos do vírus Zika no país, ganhadora do prêmio Jabuti de Ciências da Saúde, tem um jeito contundente de dizer isso:

"O mundo pós-pandemia será um mundo mais alinhado aos valores feministas".

Valores como amparo passaram a ser uma exigência humana. Afinal, todos agora sabem o que é se sentir desamparados.

Valores como proteção passaram a ser uma necessidade geral. Afinal, todos agora sabem o que é se sentir desprotegidos.

Cuidado, social, interdependência... Antes eram teorias, agora é uma urgência.

Nós construímos este livro, com carinho, para homens e mulheres que querem exercer, por meio da liderança, um propósito de vida.

---

[1] Workplace Culture Trends: The Key to Hiring (and Keeping) Top Talent in 2018. Disponível em: https://blog.linkedin.com/2018/june/26/workplace-culture-trends-the-key-to-hiring-and-ke.

SUMÁRIO

DAQUI PARA FRENTE

Foi estruturado e redigido, com delicadeza, para aqueles que veem no ato de liderar uma chance de criar significado.

Ou seja, este livro não é sobre o líder que você é.

Este livro é sobre o líder que você sonha se tornar.

INTRODUÇÃO

Durante os últimos séculos, gerações de homens têm sido treinados e valorizados por suas competências técnicas. Desde os ferreiros da época medieval até os engenheiros da Nasa.

Nesse mesmo período, gerações de mulheres têm sido preparadas com habilidades socioemocionais. Afinal, eram as líderes da casa! Por isso termos como intuição e sensibilidade sempre foram ativos do universo feminino.

Bem. Não é nenhuma novidade que essa divisão não faz mais nenhum sentido, certo?

Hoje os papéis se misturaram! Os cargos não são mais decididos por gênero, e sim por competências.

Mas quais são as *suas*?

Inteligência emocional, criatividade, flexibilidade cognitiva... As 10 Habilidades do Profissional do Futuro, criadas pela ONU, são muito menos sobre o que você sabe e mais sobre quem você é.

O líder do futuro deverá saber como conduzir pessoas, não só processos. As organizações buscam lideranças que administrem sentimentos, não só planilhas.

Este livro pretende compilar séculos de desenvolvimento socioemocional em uma série de *softskills*. Explica, em detalhes, como ganhar flexibilidade, sensibilidade, comunicação, confiança e intuição.

Este livro defende que o código feminino precisa se tornar o código de todos nós.

EU SOU O LÍDER DO FUTURO? OU VOU TRABALHAR PARA ELE?

Vamos começar este livro como qualquer coisa começa hoje em dia.

Com uma pesquisa no Google.

É sério. Abra o notebook e entre na página de busca.

No campo de pesquisa pode colocar três palavras:

1) Meu.

2) Chefe.

3) É.

Viu no que deu?

Pois é... Não é um resultado bonito.

Enquanto milhões de colaboradores reclamam, muitas empresas comemoram seus programas de desenvolvimento de culturas colaborativas! Com slides cheios de termos como "Líder Parceiro", "Líder Próximo", "Líder Atento" e "Líder Inspirador".

...

Existem bons e maus chefes.

Assim como existem bons e maus profissionais de qualquer categoria. Qualquer classe profissional enfrenta uma variação de qualidade, isso é normal.

O problema é que "chefes" impactam na vida de um monte de gente! Um mecânico ruim vai deixar um carro com problemas. Um gerente ruim pode deixar um monte de gente com problemas.

"Com problemas", talvez, seja uma expressão solta demais. Mas se usarmos "esgotados", "cansados", "ansiosos" e "improdutivos"... Talvez simplifique para que vejamos o impacto da liderança despreparada.

Portanto é um problema crônico! Pois seu chefe, possivelmente, tem um chefe. E o chefe dele, também! Quando a coisa não vai bem se alastra pela rede inteira, como uma epidemia.

Enquanto preparávamos este livro para você, conversamos com líderes de diversas áreas. Finanças, Direito, engenharia, entretenimento... Entrevistamos dezenas de pessoas com perfis diferentes para entender como o Código Feminino fez (ou faria) diferença na vida delas.

Sempre começávamos com a mesma pergunta.

– *O que é liderança para você?*

Sim, ouvimos de tudo. Desde visões como esta...

– Liderança é importante.

Até visões como esta...

– Liderança é importante. Mas não cabe na agenda.

Não tem jeito. É um assunto em que a personalidade conta. E, nessa miríade de pessoas diferentes, a questão é: *quais são os líderes inspiradores*?!

Quais são as pessoas que se tornam referência?

Quais são as pessoas que marcam seus liderados para sempre?

Você gostaria de saber?

É. As empresas também.

O vácuo da liderança

Joshua Freedman, especialista global em gerenciamento e autor de seis livros sobre o tema, pesquisou quais as principais dificuldades que as empresas enfrentam para crescer. Adivinha qual foi o problema número um?

Fonte: Freedman, Joshua. Feb 2012 2012 Workplace Issues Report.

Não precisamos ir muito longe.

Todo ano, gigantes fazem campanhas intensas para duelar pelos melhores trainees. Vai muito além do "divulgar bem", envolve até mudar aspectos da cultura organizacional! Não faz muito tempo que um tradicional banco brasileiro, com mais de setenta anos de existência, mudou até o *dress code*. Para não se afastar os bons candidatos, saíram da "gravata obrigatória" para a "bermuda bem-vinda".

É isso, para ter as melhores pessoas, a empresa precisa ser desejável.

Márcio Fernandes, ex-CEO da Elektro, em uma entrevista para uma revista, contou como criar "a empresa mais feliz do Brasil" facilitou as contratações.

– A gente fazia programa de seleção e, para completar o número de vagas, dava um trabalhão! Afinal, o setor de energia elétrica não é muito sexy. Então a gente sofria. Agora, vou dar o exemplo do último programa que a gente fez. Foi no meio do ano, período não muito comum para procurar estagiários. Tivemos 20 vagas - só que 60 mil inscrições. Foi de cair da cadeira!

Mas por mais interessante que uma companhia seja, não se preenche uma vaga com mil currículos errados e, sim, com uma pessoa certa.

Se atrair o trainee perfeito já dá essa canseira...

Como encontrar o líder ideal?!

Onde ele está?

Trabalhando.

E essa é a parte que dói.

Sabe o que é mais provável? Que esse *líder ideal* esteja escondido dentro de algum departamento, preenchendo planilhas. Quanto mais fechada a empresa, quanto mais grossas as paredes, mais difícil vai ser para alguém notar que ele está lá.

Às vezes, os processos são tão vastos e tão robustos que nós esquecemos que existem pessoas no meio deles. Daí, só conseguimos notar quem busca por atenção, e não quem busca por resultado.

Ligia Zotini Mazirkiewicz é fundadora do Voicers, uma rede de especialistas em tecnologia que desenvolve pessoas.

Tivemos uma conversa com ela, na qual nos contou sobre sua "embaraçosa" pesquisa de mestrado.

– Eu estudei como a capacidade de se reconhecer no outro influencia a nossa carreira profissional. O resultado sugere que quando o líder se reconhece em você, sua carreira sobe mais rápido. Mas se você não "se parece" com seu chefe, sua carreira fica estagnada. A gente leva parabéns da liderança não necessariamente porque fez o melhor, mas, sim, porque fez como ele faria.

Talvez seja por isso que Silvio Meira, um dos membros do conselho da Magazine Luiza, professor da Universidade Federal de Pernambuco, afirma que existem os líderes *Transformadores* e os *Gerentes*.

Qual a diferença?

Os transformadores... Transformam! Mudam. Chacoalham. Provocam.

Os gerentes... Gerenciam.

São verdadeiros especialistas em manter tudo do jeito que está.

O que eu preciso para ser um bom líder?

O PhD Guy Berger realizou uma pesquisa com *centenas* de gerentes de contratação nos Estados Unidos.

58% dos entrevistados disseram: a falta de habilidades pessoais entre os candidatos limita a produtividade da empresa.

O tal "elemento fantástico", portanto, não são as qualidades técnicas. Ninguém está duvidando da sua habilidade de mexer no Excel (até porque, se ela não for boa, talvez alguns tutoriais do YouTube já ajudem).

O bom líder domina as *soft skills*. As competências sociais para lidar com as outras pessoas e coordená-las. Para isso não tem tutorial de YouTube que resolva!

Do ponto de vista de *budget*, a conta é simples: a pessoa que domina as habilidades interpessoais passou a valer mais.

Isso nos leva a uma pergunta justa.

Por que só pararam para pensar nisso *agora*?!

Afinal, as empresas já estão aí há muito tempo, ganhando e perdendo dinheiro normalmente.

Num passeio de tarde no Brasil de 1895, você já podia topar com produtos da Bayer ou até mesmo da Hering! As coisas não mudaram tanto assim, não é mesmo?

Exceto por uma coisa: tecnologia.

Começou lentamente. Com robôs gigantes programados para produção industrial. Você já conhece o final dessa história... Fabricantes de veículos que tinham 100.000 funcionários em 1980, agora se resolvem com cerca de 10 mil pessoas em um mercado ainda maior.

Naquela época, as máquinas só sabiam pintar latarias e carregar chassis. Mas, aos poucos, foram se tornando mais sofisticadas. O correio americano, por exemplo, usa robôs para ler os CEPs escritos à mão. Alguns deles leem 18.000 cartas por hora!

Os próximos passos?

São estes aqui:

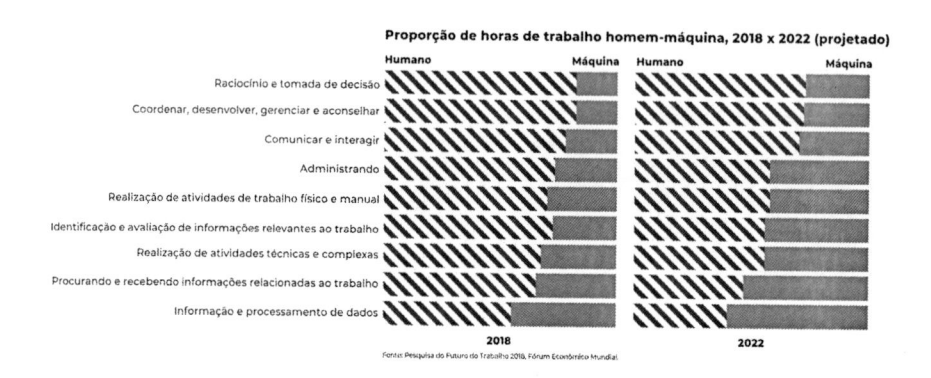

Exatamente. A história está se repetindo.

Imagine que o mundo é uma grande montadora de veículos.

...

É como diz o Fórum Econômico Mundial: 65% das crianças na educação infantil vão trabalhar com funções que ainda não foram nem inventadas.

A pergunta *"O que você vai ser quando crescer?"* nunca teve tão pouco sentido.

Há indicadores que mostram que cerca de 1/3 das vendas do varejo brasileiro já são mediadas pela internet. Vamos aplicar esse número em nossa vida? Significa que se você pensa sua profissão sem levar em conta a tecnologia, já tem 1/3 de chance a menos.

Por exemplo! Consegue imaginar uma conversa como esta, 15 anos atrás?

– Onde você trabalha?

– Em uma loja de café.

– Que legal! E o que você faz lá?

– Sou cientista de dados.

A inovação pode vir de qualquer lugar! Um dos principais meios de pagamento dos Estados Unidos não foi criado pelo Citi Group, ou pelo HSBC, e, sim, pelo Starbucks! A moedinha digital da casa está entre as principais de todo país.

Conversamos com Elisabeth Siemsen, líder reconhecida entre as 100 mulheres mais influentes do mundo em leis de propriedade intelectual (WIPR Influential Women in IP 2019).

Durante nosso papo, ela encontrou uma explicação muito simples para a situação em que estamos:

– Os robôs não precisarão de líderes. Mas os humanos que constroem esses robôs, sim! Gente que nasceu depois da internet, com altíssimo senso crítico, que coloca em xeque todas as ordens. Gente que não precisa ser instruída e, sim, liderada!

Em 1937, as 500 maiores companhias do ranking Standard & Poor's tinham uma vida média de 75 anos. Agora, a idade geral das empresas da *mesma lista* é de 15 aninhos. Gigantes estão caindo!

E estamos falando de pessoas jurídicas e físicas. Afinal, duas décadas atrás dava para colocar a culpa no Windows, mas, hoje, não tem jeito, os principais entraves de desenvolvimento das empresas estão nas *pessoas*.

O especialista em liderança, Claudio Fernández-Aráoz, publicou na "Forbes" os resultados das suas pesquisas. Segundo ele, os executivos C-Level (CEO, CMO, COO, CFO, CIO...) muitas vezes são contratados por sua autodisciplina, impulso e intelecto, mas, normalmente, são demitidos por falta de *soft skills*.

Como a própria Ligia Zotini resumiu para nós:

– A aumento da tecnologia transformou "humanidade" em diferencial de mercado! Precisamos aprender a trabalhar em ecossistema e sair do egossistema.

Este livro é sobre você

Itamar Serpa é fundador e presidente da Embelleze, um senhor de 78 anos que, quando começa a falar, naturalmente gera respeito e admiração. Segundo ele:

– O fácil é mudar para fora. Você planeja e muda, pronto. Como um político desonesto que parece honesto! Mas o líder, quase como definição, precisa ser íntegro. Quer dizer, tem que ser por inteiro. Aí a mudança tem que ser real. E isso é que dá trabalho!

– O senhor passou por alguma coisa assim?

– Claro! Eu nunca fui minucioso, por exemplo. O mundo dos negócios me mostrou essa deficiência. E não adiantava só aprender a seguir o processo de checagem! Eu precisei desenvolver visão de detalhes em mim!

Talvez...

A pergunta "O que você vai ser quando crescer?" não fosse tão ruim. Talvez fosse só mal interpretada!

Afinal, ninguém perguntou:

– Com o que você vai trabalhar quando crescer?

– Qual será sua profissão quando crescer?

– Você tem planos sobre sua futura fonte de renda?

Nada disso!

A questão é sobre o que você vai **ser**. E nisso está a diferença fundamental.

Porque as *hard skills* são sobre o que você sabe.

Já as *soft skills* são sobre o que você é.

Por isso este livro é sobre você.

FEMININO?!

A vida tem dessas, não? Aqueles encontros improváveis que levam anos para gente entender o significado.

Nossa história foi mais ou menos assim.

O marido da Patrícia é do tipo comunicativo. E, ali, na quadra de vôlei, estava a Fabiana, que é conhecida por conversar até com árvore. Bem, isso já anuncia o que aconteceu nesse jogo. Não demorou muito para todos virarem amigos. Aliás, não precisou de nem mais uma hora de papo para descobrir o motivo real daquele encontro.

– Você trabalha no Senai/Cetiqt?

Era justamente onde Patrícia estava tentando agendar uma reunião para falar sobre possibilidades futuras.

Pouco tempo depois, ela se tornou professora da instituição. Primeiro, no curso de Consultoria de Imagem e, depois, no curso de Pesquisa de Tendências.

Até aí, a Fabiana era uma grande amiga.

Mas, um dia, o destino resolveu testar isso no limite!

– Você vai ficar no desenvolvimento de projetos de pesquisas. Agora a Fabiana é sua chefe.

...

Juntas, criamos o Laboratório de Comportamento e Consumo e iniciamos a pesquisa DNA Brasil, que se tornou um livro com a análise dos potenciais econômicos das cinco regiões brasileiras.

Além disso, realizamos a pesquisa Happiness BRASIL, que analisou o que é felicidade para o consumidor.

Ao todo? Oito anos de Senai-Cetiqt.

É, parece que o teste deu certo.

...

Foram oito anos de uma parceria profissional muito feliz. Projetos incríveis e inovadores e que deram muitas alegrias. Mas, mais do que isso, eram como irmãs. A criação de um laço de amizade que, tempos depois, foi selado com uma tatuagem em comum:

"Happiness".

Depois disso, a relação passou vários anos sem nenhum objetivo prático que não fosse: "dar risada, cuidar uma da outra e ser feliz".

Mas um dia...

Estávamos no restaurante La Mimolette, conversando sobre a ideia de utilizar as técnicas de *branding* para desenvolver o perfil de liderança. Acabou virando um *brainstorming* daqueles que a gente não consegue parar, com horas de papo e papéis rabiscados.

Apesar de a nossa amizade estar, sempre, acima de tudo, o universo gritava que era hora de voltar a trabalhar juntas. Nascia, assim, o Código Feminino.

Não precisaríamos falar sobre diversidade.

Mas vamos.

O assunto já virou consenso corporativo, porém nunca é demais lembrar que diversidade, normalmente, está mais longe do "vamos ser pessoas legais" e mais perto do "se não fizermos isso, a empresa fica pra trás!".

O tema é tão sério que a Renault, na França, passou a publicar *updates* anuais sobre os avanços das mulheres dentro da companhia. Virou meta!

Mas mesmo que você já conheça bem o assunto, alguns números podem surpreender.

O time de Investimento Sustentável e Responsável da Morgan Stanley ganhou a missão de classificar 1.600 ações pelo planeta inteiro sob a ótica de diversidade.

Conclusão? Após analisar seis anos de dados, viram que as empresas com maior diversidade tinham:

a. 70 pontos de vantagem sobre seus competidores regionais.

b. 110 pontos de vantagem sobre companhias com menos mulheres.

Pois é...

O relatório "Mulheres Importam", da McKinsey, verificou que companhias com diversidade de gênero têm 15% mais chance de ter retorno financeiro.

O Credit Suisse Research Institute, em parceria com a Bloomberg, mapeou 27 **mil** gestores sênior pelo globo, analisando a questão dos gêneros.

Segue um pedaço do relatório.

Desempenho Global: valor de mercado das empresas> 10 milhões de dólares

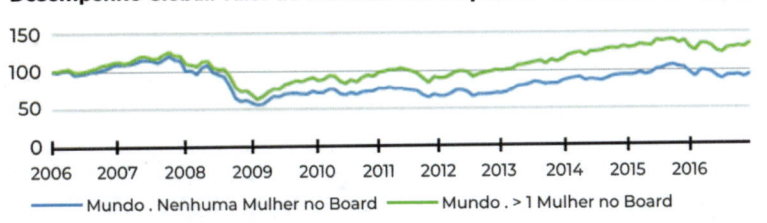

Fonte: Bloomberg, Pesquisa Credit Suisse

Retornos comparativos para mulheres na alta administração

	ROE (%)
CEO	
- masculino	12,8
- feminino	15,2
Gerência sênior	
- mulheres <10%	13,0
- mulheres >15%	15,3

Taxa de pagamento de dividendos

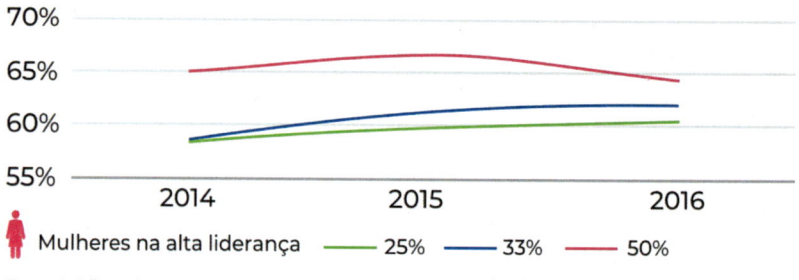

Fonte: Crédito Suíço HOLT

E, mesmo assim, uma das regiões com menos mulheres no corpo diretivo das companhias é justamente...

A nossa.

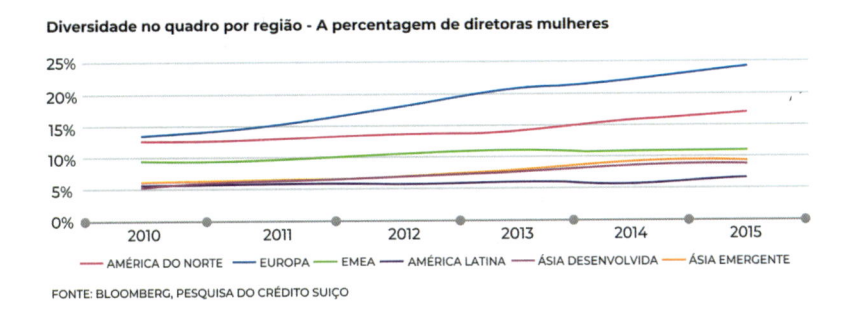

Diversidade no quadro por região - A percentagem de diretoras mulheres

FONTE: BLOOMBERG, PESQUISA DO CRÉDITO SUIÇO

Por essas bandas nós não acreditamos em McKinsey, nem em Credit Suisse, muito menos em Bloomberg ou Morgan Stanley!

Por aqui só acreditamos no "sempre foi assim".

Hora de tocar na ferida!
Vamos falar das mulheres.

Que diversidade é fundamental, concordamos.

Mas associar isso às características femininas já não é demais?

Com todos os resultados que vimos anteriormente, não ia demorar para alguém começar a se perguntar sobre isso.

Foi exatamente essa pesquisa que o instituto Zenger Folkman realizou, publicada na Harvard Business Review.

...

De acordo com uma análise de milhares de avaliações em 360 graus, as mulheres superaram os homens em 17 das 19 capacidades que diferenciam líderes excelentes dos médios ou pobres.

Capacidade	Percentual das mulheres	Percentual masculino
Toma iniciativa	55,6	48,2
Resiliência	54,7	49,3
Pratica o autodesenvolvimento	54,8	49,6
Foco no resultado	53,9	48,8
Apresenta alta integridade e honestidade	54,0	49,1
Desenvolve outros	54,1	49,8
Inspira e motiva os outros	53,9	49,7
Liderança ousada	53,2	49,8
Constrói relacionamentos	53,2	49,9
Facilita mudanças	53,1	49,8
Estabelece metas de expansão	52,6	49,7
Colaboração e trabalho em equipe	52,6	50,2
Conecta-se ao mundo exterior	51,6	50,3
Comunica-se poderosa e prolificamente	51,8	50,7
Resolve problemas e analisa problemas	51,5	50,4
Liderança rápida	51,5	50,5
Inova	51,4	51,0
Conhecimento técnico ou profissional	50,1	51,1
Desenvolve perspectiva estratégica	50,1	51,4

Nota: Os valores t de todos os dados são estatisticamente significativos.
Fonte: Zenger Folkman 2019
De: "Pesquisa: Mulheres pontuam mais que homens na maioria das habilidades de liderança" por
Jack Zenger e Joseph Folkman, junho de 2019

Maryam Kouchaki é uma psicóloga organizacional, professora da Kellogg School of Management. Suas pesquisas chamaram atenção de jornais como *New York Times*, *Wall Street Journal*, *Huffington Post* e *BBC*.

Ela recrutou 1.337 participantes para uma "rodada de negociações". As técnicas de argumentação das pessoas foram devidamente registradas e estudadas.

A análise deixou claro: as mulheres tinham mais chance de mentir quando estavam argumentando em benefício de uma terceira pessoa e não para si mesmas (64,4% contra 44,4%).

Já os homens tinham mais possibilidade de mentir quando os resultados eram para si mesmos e não para outro alguém (72,2% contra 60,6%).

No nosso mundo, do jeito que está montado, a preocupação com o julgamento alheio está mais presente na criação das mulheres!

Para elas, o olhar *do outro* sempre esteve em pauta.

Bem antes do termo *soft skill* virar assunto da *Forbes*.

Este NÃO é um livro sobre mulheres.
Este é um livro sobre o feminino.

As companhias passaram as últimas centenas de anos operando no modo masculino. Vemos isso em tudo! Até mesmo nos KPIs (Key Performance Indicators).

Por exemplo, é normal medir a conversão de clientes com base do "COMPROU X NÃO COMPROU", que, talvez, seja a maneira mais "bruta" de ver os resultados.

Mas onde está o gráfico de Excel analisando se os clientes se sentiram bem recebidos? Cadê os números que medem se eles estão confortáveis com nossos processos?

Os futuros resultados, como nós já vimos, são balizados muito mais por isso do que só pela velha aba de: "VENDAS DO MÊS".

A mesma coisa que fizemos com as planilhas, fizemos com as pessoas.

Você já viu essa história, não viu? Uma mulher que, para crescer na carreira, incorporou as características do arquétipo masculino?

A força, a lógica, a imposição...

Não nos entenda mal! Elas são características excelentes! Independentemente do seu sexo, podem te ajudar em diversos momentos.

Elas só não são mais *o suficiente*.

...

Lembra-se do presidente da Embelleze?

O senhor Itamar?

Ele resumiu assim:

– As pessoas costumam brigar para saber qual liderança é melhor, a masculina ou a feminina. É necessário ter os dois! A abordagem feminina é muito mais pela persuasão. A masculina é autocrata, com pensamento em linha reta. Já a feminina faz círculos, contemplando todos que estão ao redor.

...

Hoje, não ganha o líder que fala mais alto e, sim, o que fala melhor.

Então, da mesma forma como muitas mulheres cresceram instruídas a desenvolver essas habilidades, qualquer pessoa pode aprender.

Sim, nós estamos falando que mulheres e homens que podem e devem desenvolver características do arquétipo feminino.

É como pegar toda aquela diversidade:

Atestada pela McKinsey...

Certificada pelo Credit Suisse...

Verificada pela Bloomberg...

Legitimada pelo Morgan Stanley...

E colocar dentro de você.

MESTRE DOS ASPECTOS EMOCIONAIS

O que é a liderança, afinal de contas?

Como usar as habilidades interpessoais para ter uma liderança mais efetiva?

Essas não são perguntas de um milhão de dólares. São perguntas que valem bem mais do que isso! A depender do faturamento anual da sua empresa.

Sabe qual o pior?

As perguntas *realmente difíceis* não são aquelas que ficam sem resposta.

As perguntas realmente difíceis são aquelas que geram várias *respostas diferentes* e todas parecem verdade.

Com "respostas diferentes" não estamos falando de duas, três ou quatro.

Na Amazon Brasil, por exemplo, existem **CENTO E TRINTA E SEIS** livros sobre como coordenar equipes. Os títulos vão desde *A dicotomia da liderança* até *Líder, leve e solto*.

Diante dessa infinidade de visões, difícil escolher em quem acreditar. Por isso optamos por acreditar no homem que fez o *Financial Times* e o *The Economist* concordarem.

Manfred

Manfred Kets por Vries é um dos maiores pensadores de liderança do mundo. Foi classificado pelo *Financial Times* e pelo *The Economist* entre os 50 principais pensadores de gestão do nosso tempo.

Como?

A chave é a seguinte: antes de ser diretor, CEO ou presidente de qualquer coisa, Manfred é, essencialmente... um psicanalista.

Estudando a mente humana ele definiu que a liderança, na verdade, não é uma coisa só.

São oito.

1º líder - Estrategista

São pessoas excelentes para pensar em novas soluções e direcionar a empresa para o crescimento. Porque, para eles, o cargo é uma chance de ser pago para jogar xadrez.

2º líder - Catalisador

Perfeito quando tudo está uma bagunça, pois é assim que esse líder fica à vontade. Vai poder virar todos os processos de cabeça para baixo (ou de cabeça para cima. Assim esperamos!).

3º líder - Negociador

São as pessoas que, muitas vezes, aparecem dizendo: "Você não sabe com quem eu almocei ontem à tarde!". E, muitas vezes, terminam dizendo: "Só que agora nós precisamos entregar um protótipo até sexta".

4º líder - Construtor

Focado no amanhã. É aquela pessoa que chega mais cedo e sai mais tarde porque tem uma visão clara e estamina suficiente para ir atrás disso.

5º líder – Inovador

Fácil de confundir com o anterior, não é? Mas este é motivado pelo prazer da novidade. O construtor pensou: "Vamos abrir uma big pizzaria!". O inovador sugere: "Vamos entregar pizzas com drones!".

6º líder – Dos processos

Em tempos de crise, nada como executivos que encontram os buracos de eficiência que, até então, ninguém se importava tanto assim.

7º líder – Comunicador

Arrebatador de gente. Gera confiança e empatia por onde passa e, naturalmente, vira uma referência. Em uma palavra? Magnético.

8º líder – Mentor

Desenvolvedor oficial de pessoas. Aquele que, daqui a vinte anos, será lembrado e mencionado nas reuniões. "Lembra do Arnaldo?!", "Aprendi muito com o Arnaldo!", "Ah, o Arnaldo era demais!".

A psicanálise deu a opinião dela.

Mas o que acham aqueles que estão lá, na prática, vivendo o dia a dia?

A visão da McKinsey

Significado.

Positivismo.

Energia.

Conexão.

Ditas assim, soltas, essas palavras fazem até parecer que estamos começando uma aula de Yoga Quântico, não é mesmo?

Mas não. Esses são alguns dos termos-chaves a que o McKinsey Leadership Project chegou após entrevistar líderes ao redor do mundo, alguns que coordenam 10.000 pessoas ou mais.

Depois, para quem não tem muito tempo, eles resumiram a liderança no famoso "PPT de um slide só".

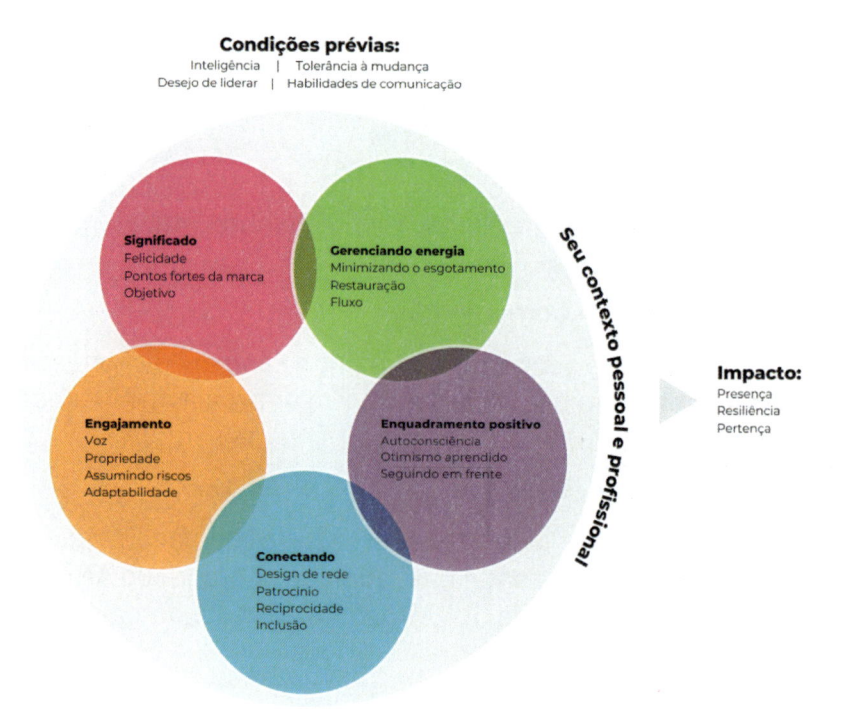

Agora que ouvimos os dois lados, podemos falar o resultado. Mas, antes disso, talvez seja interessante ouvir uma história.

A história da Vivian

Vivian era uma boa analista.

Aliás, vamos falar a verdade!

Vivian era a melhor analista.

Quando ela se candidatou para essa vaga (coisa de dez anos atrás, pela Catho Online!), tinha terminado a faculdade e precisava entrar no mercado de algum jeito!

Depois de muita busca, finalmente, apareceu um processo seletivo!

Nas dinâmicas, Vivian deu o sangue. Mais do que isso, deu a bile! Se destacou pelo critério "sede ao pote". Entregava tudo antes e melhor. Era imbatível!

Já contratada, ela continuou vivendo no modo "Processo Seletivo". Com o tempo, a brincadeira "quero ser a Vivian quando eu crescer!" virou uma piada interna comum (o que era engraçado quando consideramos o fato de que ela media 1,55m).

Um dia, depois de tanta entrega, não teve jeito. O gerente teve que promover. Virou líder do setor! Em casa teve até aquele anúncio para os pais, feito durante o almoço de domingo.

Antes do final do ano Vivian foi demitida.

O gráfico do Great Place to Work foi cruel.

A equipe usou expressões do tipo: "Sinto medo de ir trabalhar" nas avaliações.

Depois de chorar muito, só restou uma alternativa para Vivian.

Começar a mandar currículo.

O grande ponto

Nas duas abordagens (a da psicanálise e na empresarial) vemos a presença de características centenárias da liderança. Palavras como "Força" e "Resiliência". Termos que, quase instintivamente, pedem uma exclamação.

No entanto há algumas novidades e surpresas. "Conexão" e "Inclusão" não são tão centenárias assim. Afinal, Henry Ford é admirado por ter mudado a história da indústria, mas não por ter mudado a história do RH.

Existe, inclusive, uma boa chance de o próprio termo "Inteligência Emocional" ser mais novo do que você! Ele só apareceu em 1990, criado pelos professores John D. Mayer e Peter Salovey, que definiram assim:

"Do ponto de vista científico (e não popular), inteligência emocional é a capacidade de perceber com precisão as próprias emoções e as de outras pessoas; entender os sinais que as emoções enviam sobre os relacionamentos; e gerenciar suas próprias emoções e as de outras pessoas".

Precisão na análise... Compreensão dos sinais... Gerenciamento dos fatos! Poderia ser a análise de um *dashboard* de vendas. Mas não é.

É sobre o *dashboard* de emoções.

...

Vamos propor um exercício cruel.

Imagine, ao seu redor, todas as pessoas que você conhece que já foram demitidas (vamos excluir, dessa lista, as que saíram em Programas de Demissão Voluntária, Falências Financeiras e – claro – a você mesmo. Combinado?).

Olhe ao seu redor. Olhe para elas.

Quem são?

Estão todas aí, focadas em você!

Pois bem, estatisticamente, apenas 13% dessas pessoas não tinham as competências técnicas. Uma pesquisa da Você S/A mostrou que 87% das demissões acontecem por problemas comportamentais.

A conclusão é inevitável. Seja pela abordagem psicanalítica, de Manfred Kets por Vries, seja pela pesquisa global da McKinsey, seja pela dura realidade levantada pela Você S/A... A verdade é uma só.

O líder, cada vez mais, precisa ser um mestre dos aspectos emocionais. Você é?

Mestre dos aspectos emocionais

Por muito tempo se falou das emoções primárias.

Alguns dizem que são cinco, outros dizem que são seis... Já os pesquisadores do Laboratório de Interação Social da Universidade de Berkeley defendem que são vinte e sete! Eles consideram itens como "dor empática" e "inveja".

O fato é que manejar os aspectos emocionais (internos e externos) não é fácil. Mesmo que você considere apenas a lista básica de cinco sentimentos, gerenciar tudo isso daria um filme!

Aliás, já deu. E se chama "Divertidamente".

Não é simples, mas existe um arquétipo que pode nos ajudar com essa missão.

Você sabe o que é um arquétipo?

Vem da mistura de duas palavras gregas. Arkhe significa inicial, primeiro. Refere-se a tudo que é antigo ou... *Arcaico*!

Typos significa a marca deixada por uma batida. Por isso a *tipografia*, já que cada fonte tem um estilo. Ou mesmo a expressão: "Desculpa, cara. Você não faz o meu tipo".

ARKHETYPON, portanto, é a "marca antiga". Algo que está aí há tanto tempo que se tornou uma base.

Sejam os arquétipos de Christopher Vogler, com base no trabalho de Joseph Campbell, sejam os arquétipos de Carl Jung, com base no trabalho de Sigmund Freud. No final, são sempre características tão continuamente repetidas que se tornaram um padrão.

O **Arquétipo Feminino** sempre foi cobrado das mulheres. A função de "cuidar do lar e dos filhos" quase sempre, na maior parte das culturas, foi dada para elas. Isso exigiu que elas desenvolvessem um grupo de características muito específicas, que se repetiram continuamente ao longo dos séculos.

FLEXIBILIDADE

SENSIBILIDADE

COMUNICAÇÃO

CONFIANÇA

INTUIÇÃO

Hoje, milhares de anos depois, essas características formam o Arquétipo Feminino.

Mas lembre-se! Elas não pertencem às mulheres!

Elas pertencem a qualquer um que aceite desenvolvê-las dentro de si!

Nos próximos capítulos vamos passar por essas cinco características e explorar o **Código Feminino**. Como entender, como medir e – claro! – como desenvolver cada uma dessas habilidades.

Como se tornar, afinal, o líder que o mundo de hoje precisa.

Mas talvez, antes, seja importante ouvir a dica de cozinha de Peter Bregman antes de começar.

...

A dica de cozinha de Peter Bregman

Peter lidera um time de 25 *coaches* ao redor do mundo e é autor de diversas publicações sobre o assunto. Em seu livro *Leading with emotional courage* (sem edição em português), ele traz a metáfora da sopa amarga.

Vejamos o exemplo da Sra. Teixeira.

Sra. Teixeira é gerente geral da companhia.

Linha dura com processos e com pessoas.

Não dá bom dia, até porque – segundo ela – "não vai ser bom".

A mulher entrega sempre acima do esperado, bate meta em cima de meta. Salvou a empresa mais de uma vez.

Mas como é muito durona, as reclamações da equipe começam a aparecer.

Que conselho dar nesse caso?!

– *Sra. Teixeira... Você tem que ser menos amarga!*

Mas se ela deixar de ser assim, como vai manter o ritmo? A sugestão seria diminuir a eficiência?! Pior do que isso! *A sugestão é que ela deixe de ser quem ela sempre foi?*

A dica de Peter é:

"A sopa já está feita. Não dá para deixar menos amarga! Mas, claro, sempre podemos adicionar açúcar!".

Ou seja, nas próximas páginas não tente jogar fora tudo de bom que você construiu, combinado? Pense em *adicionar*.

São ingredientes novos, que vão trazer novas habilidades. E novas possibilidades profissionais!

Foi o que a Sra. Teixeira fez.

Desenvolveu essas habilidades sem jogar fora o que já tinha.

Hoje, cada profissional da equipe dela se orgulha de ser "um dos da Teixeira!", pois dentro da empresa isso significa que você está com a melhor!

Quem diria, não é?

Que, anos antes, ainda jovem... Vivian Teixeira tinha sido demitida justamente por problemas comportamentais.

AS CINCO CARACTERÍSTICAS

FLEXIBILIDADE

Você já ouviu falar disso, não? De que as mulheres conseguem fazer tudo ao mesmo tempo, enquanto os homens são monofunção?

O arquétipo feminino é desenhado o tempo todo, em cada pequeno comentário do dia a dia.

E uma das conversas que tivemos explicou, de forma surpreendente, como a *flexibilidade* nos ajuda a ser um líder melhor.

A história real de um capotamento de mentira

A parte triste, ironicamente, é que esse capotamento nunca aconteceu.

Mas ele precisava acontecer!

Uma diretora de novela, super-renomada no segmento, estava lendo os roteiros das próximas gravações. Logo ali, depois de algumas cenas de tapas na cara e beijos na boca, os roteiristas inventaram um capotamento.

Para eles é fácil!

Onze letras!

Salvar em PDF e enviar por e-mail. Fim.

Mas para quem tem que fazer a cena acontecer?

Tanto jeito de fazer tragédia tinha que ser logo com acidente de carro? Não podia ser uma queda da escada? Um enfarto do miocárdio?! Tão clássico, gente! E funciona desde os tempos de Odete Roitman.

Mas missão dada...

Missão cumprida?

A diretora começou a reunião de produção:

– Certo, pessoal. Quanto vai custar fazer o Tony Ramos voar?

Não que a história fosse com o Tony Ramos, mas fica mais interessante imaginar com ele.

– Senhora, vamos precisar de dois dublês especializados, parecidos com o ator. Autorização para travar uma rodovia. Equipamentos especiais de segurança. Uma empresa de explosivos. Contratar bombeiros e ambulância para emergência. E o básico da produção.

Para cada item o dedo ia pulando uma linha do Excel, o orçamento engrossando.

– E isso tudo vai cust...

– Desculpe, senhora! Esqueci uma coisa!

– O quê?!

– O carro! Também temos que explodir um carro.

O personagem, para dificultar, era do núcleo rico. Se fosse do núcleo pobre, ainda dava para negociar. Afinal, fica muito mais barato explodir um Corsa do que um Mercedes Classe A.

Saíram de lá sem concluir nada. Até tinham orçamento, mas o repasse ia acabar doendo em outras cenas. Alguma grande festa ia ter que virar um pequeno jantar, algum supercasamento de último capítulo ia ter que virar uma fala aleatória. Do tipo: "Pois é, fulana se casou!".

...

A diretora foi para casa refletir.

Ela queria criar uma forma de gravar aquela cena de um jeito menos custoso.

"Quem sabe um truque de câmera?!".

Mas todas as alternativas pareciam ruins. A chance de ficar parecendo um remendo era muito alta. E *qualidade* não estava em negociação.

"Quem sabe um 3D?!".

Se o Spielberg usou com dinossauros, qual o problema de usar isso com Tony Ramos? (não dissemos que era muito mais legal imaginar com ele?).

Realmente, ficava mais barato, mas pegava no prazo. Os técnicos precisariam de um mês para isso, mas o carro precisava capotar na semana seguinte.

"Ligar para os roteiristas e pedir uma mudança?".

Mas vamos falar a verdade? A cena era ótima! Fazia todo sentido dentro da trama.

Seria como se o próprio Spielberg ligasse para a produtora e dissesse: *"O filme vai ser igualzinho! Só vamos trocar o estegossauro por um cavalão bem bonito!"*.

No fim da noite, horas queimando a pestana, já quase vencida pelo sono... veio a solução.

Mas eles teriam que flexibilizar.

...

Quando chegou à reunião de produção do dia seguinte, decidiu contar a ideia como se fosse uma coisa normal.

A reação geral – de verdade! – foi uma risada.

Demorou um tempo para o som baixar e as pessoas perceberem que ela estava falando sério.

– *Sério?*

– Sério.

– Tipo, sério?

– Uhum.

– Mas nós nunca fizemos isso!

– E daí?! Cabe no prazo, cabe no *budget*.

– Mas... senhora! *Assaltar outra novela?!*

A solução não era, exatamente, assaltar.

O mais apropriado seria dizer: "Pegar, gentilmente, emprestado".

Afinal, com tantos capotamentos já gravados, por que não reutilizar algum?

Era uma loucura, claro.

Mas só era uma loucura porque ninguém tinha feito isso até então. A triste verdade é que nós somos treinados para seguir processos, não para discutir sobre eles.

Ação!

O primeiro entrave, claro, foi de ordem jurídica.

– Como é que é isso? Podemos usar cenas de outra novela dentro da nossa?!

Depois de muita oposição, alguém, finalmente, oficializou por e-mail que estava tudo bem. Afinal, uma vez gravados, os *takes* pertenciam à emissora. Ela que fizesse o que bem entendesse com eles.

Depois, começou o trabalho.

Ainda descrentes, a equipe assistiu a uma dezena de capotamentos para ver se algum fazia sentido. Não podia ser recente demais, nem velho demais! Em pleno século 21 ficaria esquisito alguém capotando com a Kombi da Tieta.

Finalmente, acharam uma cena que tinha não apenas o veículo, mas também o cenário ideal!

Mas justamente quando as pessoas começaram a "botar fé" no plano maluco, surgiu outro problema.

A locadora de veículos.

Tinham que achar um carro igual ao da cena "roubada".

– Tem esse modelo na cor azul?

– Sim, azul.

– Mas azul-claro?

– O nosso é mais ou menos claro.

– Não! Precisa ser claro-claro.

– Claro-claro quanto?

– Vamos fazer o seguinte? Vou mandar uma foto.

Depois disso, deveria ter ficado proibido acidente de novela com carro de tintura perolizada.

...

A ideia, que parecia uma loucura, começou a ganhar corpo e torcida.

A equipe se empolgou e gravou tudo direitinho. O mocinho encontrava bandido e, dali para frente, era só correria.

Filmaram o ator com cara de agoniado, filmaram o malvado apontando o revólver, filmaram até a derrapada!

Quando chegou a hora do capotamento...

– CORTA!

Na edição, juntaram isso com os cinco segundos extraídos da novela anterior. E como a diretora mesma nos contou: "Nós economizamos quase R$100 mil. Além de um tempo enorme! O resultado foi rigorosamente o mesmo. A cena ficou perfeita. Carro voando é carro voando, simples assim!".

A moral da história, na verdade, ela concluiu na sequência: "Existe muito ego. E isso atrasa a gente".

Aqui, vale mencionar uma pergunta muito cliché no mundo pessoal, mas nem tanto no mundo profissional.

– Quando foi a última vez que você fez alguma coisa pela primeira vez?

Ou seja, quando foi que você se permitiu tentar formas novas de fazer o seu trabalho?!

Quanto mais experiência profissional nós temos, mais difícil aceitar riscos.

Quanto mais conhecemos os melhores caminhos, mais difícil aceitar novos caminhos.

A história que vimos mostrou como qualquer ideia nova, mesmo que traga agilidade e redução de custo, tende a não ser amada de imediato, pois ela obriga as pessoas a saírem da sua zona de conforto!

...

É interessante notar, no entanto, que só 99% do *case* é real.

Na verdade, não era uma diretora.

Era um diretor. Fred Mayrink, um dos mais renomados profissionais da televisão brasileira.

Sim, a Flexibilidade é para todos!

Quase uma centena de voluntários, todos dentro de uma das salas da Universidade de Aachen, na Alemanha.

A pesquisadora Patricia Hirsch e seus colegas explicaram as regras.

Primeiro, eles passariam por um teste muito simples. Receberiam números e deveriam dizer, conforme pegavam as cartas, se eram pares ou ímpares. E, na sequência, receberiam letras. Para falar se eram vogais ou consoantes.

Começaria assim.

Quando tivessem alcançado um bom nível de velocidade nas respostas iriam para a Fase Dois.

Que, basicamente, era a mesma coisa. Mas os números e letras viriam *ao mesmo tempo*. O cérebro, portanto, seria obrigado a fazer coisas diferentes de uma vez só.

Milhares de letras e números depois, todos os dados de precisão e velocidade foram unificados e estudados.

Conclusão: as mulheres foram muito bem.

E os homens?

Também.

...

Leia a afirmação:

"Os homens são pessoas menos flexíveis,
já as mulheres são pessoas mais flexíveis".

Você, neste exato segundo, está vivendo alguma reação emocional. Essa reação está ligada à sua concordância ou discordância pela frase acima.

Agora, veja que interessante.

É possível que sua reação emocional tivesse sido diferente se nós trocássemos os adjetivos por sinônimos! Palavras que carregassem um juízo de valor diferente.

Quer ver?

Experimento nº 1

Deixando os homens com a moral lá embaixo.

"Os homens são pessoas mais intransigentes,
já as mulheres são pessoas mais adaptáveis".

"Os homens são pessoas mais intolerantes,
já as mulheres são pessoas mais inovadoras".

Experimento nº 2

Deixando as mulheres com a moral lá embaixo.

"Os homens são pessoas mais firmes,
já as mulheres são pessoas mais permissivas".

"Os homens são pessoas mais rigorosas,
já as mulheres são pessoas mais moldáveis".

No fim, todos os atributos estão conectados, de alguma forma, com Flexibilidade. Mas, normalmente, cada um compra a meia verdade que mais lhe convém.

Mas, então, não existe diferença entre a cabeça de homens e mulheres?!

Sim, tem.

A anatomista Alice Roberts e o médico Michael Mosley escanearam 900 cérebros para achar. Todos de pessoas com 22 anos.

Viram que as mulheres, em geral, têm mais conexões entre os dois hemisférios.

Mas como os próprios pesquisadores afirmam: *"Essas ligações são criadas ao longo da vida, possivelmente influenciadas pelos valores culturais"*.

A realidade, portanto, é que todas as frases que listamos anteriormente são cientificamente tão corretas quanto à afirmação que diz:

"As meninas nasceram para gostar de rosa,
os meninos nasceram para gostar de azul".

A Flexibilidade é para quem vai atrás dela.

Flexibilidade dos homens x Flexibilidade das mulheres. Placar final!

No fim, se tivéssemos que dar um resultado...

Seria zero a zero.

Earl Miller, professor de Neurociência do MIT, e Daniel Weissman, professor de Cognição e Percepção da Universidade de Michigan (sim, existe um professor disso!), concordam: em geral, o cérebro humano faz só uma coisa por vez.

"Ah! Mentira! Eu converso no WhatsApp enquanto dirijo meu carro!".

Primeira coisa: você deveria parar de fazer isso.

Segunda coisa: o cérebro reveza atenção entre às tarefas.

Existe uma área do cérebro chamada Sistema Executivo. Fica bem no lobo frontal! Então, se colocar a mão sobre a testa, vai sentir o lugar onde suas ações estão sendo processadas!

É essa área que "abaixa o volume" do barulho do mundo e permite focar em alguém falando. Ela "desliga" atividades em benefício de outras.

Sua mente, portanto, é um grande zigue-zague! As sinapses ficam dançando entre as tarefas que você escolheu, tentando ir rápido para não perder nada importante!

Por exemplo, um carrinho de bebê atravessando fora da faixa.

...

A conclusão é que Flexibilidade não tem a ver com elasticidade mental e, sim, com sua postura de mundo.

Flexível não é a pessoa que faz coisas em grande quantidade. Flexível é a pessoa que se permite fazer coisas novas.

Uma postura que, por estar em falta, tem causado uma onda de demissão em massa entre os maiores líderes do país.

Peopleware

Uma pesquisa realizada em 2016 pela McKinsey tentou descobrir qual era o principal desafio para fazer a transformação digital virar realidade nas empresas.

Curiosamente, dessa vez, o principal problema não foi falta de dinheiro.

Nem de estrutura.

Nem de processos.

E olha que a gente sempre adora culpar os processos, não é mesmo?

Quais são os desafios mais significativos para atender às prioridades digitais?
% de entrevistados

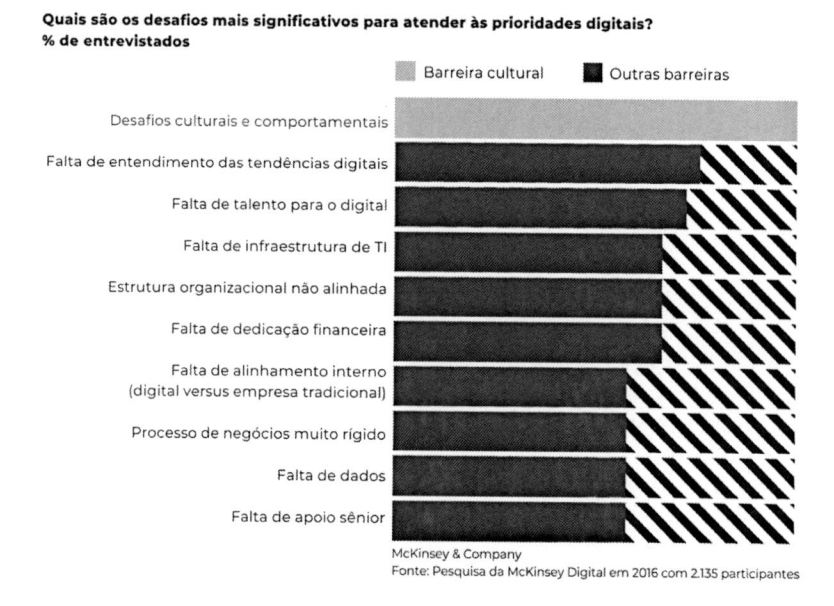

McKinsey & Company
Fonte: Pesquisa da McKinsey Digital em 2016 com 2.135 participantes

Sim, o maior problema são as pessoas.

...

O senso comum diz que, quanto mais para o alto na hierarquia, mais preparado é aquele líder, correto?

Bom, até podia ser verdade. Mas o jogo virou quando pediram para aquele senhor mandar *editar o doc na nuvem e compartilhar o link com o mailing*.

A consultoria espanhola Foxize mediu se os líderes estavam, ou não, preparados para incorporar novas tecnologias. A avaliação foi feita com 30 mil profissionais de 25 países!

O resultado é crítico.

Quanto mais para cima, pior.

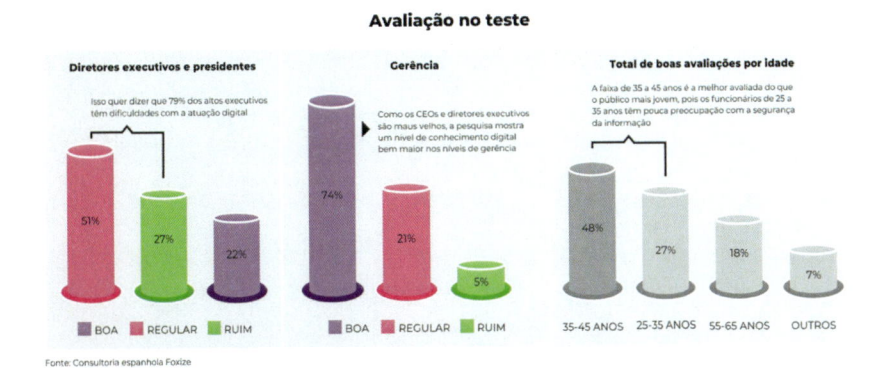

Avaliação no teste

Diretores executivos e presidentes

Isso quer dizer que 79% dos altos executivos têm dificuldades com a atuação digital

51% 27% 22%

■ BOA ■ REGULAR ■ RUIM

Gerência

Como os CEOs e diretores executivos são mais velhos, a pesquisa mostra um nível de conhecimento digital bem maior nos níveis de gerência

74% 21% 5%

■ BOA ■ REGULAR ■ RUIM

Total de boas avaliações por idade

A faixa de 35 a 45 anos é a melhor avaliada do que o público mais jovem, pois os funcionários de 25 a 35 anos têm pouca preocupação com a segurança da informação

48% 27% 18% 7%

35-45 ANOS   25-35 ANOS   55-65 ANOS   OUTROS

Fonte: Consultoria espanhola Foxize

Em um resumo cruel:

Enquanto quase 80% dos gerentes lidam bem com tecnologia, 80% dos diretores e presidentes estão desnorteados.

E é justamente por isso que o teste da Foxize não é usado apenas para trazer números para livros sobre liderança.

Ele virou processo seletivo de C-Level em diversas empresas do mercado.

Sim, o mundo mudou.

E nós precisamos aprender a mudar com ele.

E você?

Qual seria sua principal função como líder se você só pudesse escolher UMA das opções?

A) Garantir que tudo seja feito da forma como foi estruturado.

B) Buscar novos caminhos para fazer o que precisa ser feito.

Os dois trabalhos são muito importantes, mas só um deles define, de fato, o que significa liderança.

Chegou a hora de ver como exercer a Flexibilidade na prática.

5

Flexibilidade - Lição nº1

ESTEJA *MENOS* PREPARADO

Você já deve ter ouvido a expressão que diz: "O líder é testado nos momentos difíceis!".

Há uma razão para isso.

Momentos difíceis exigem mudanças.

O Líder do Futuro não é quem apenas mantém, mas quem conduz às melhorias.

Se um líder não tem Flexibilidade de olhar caminhos novos, ele simplesmente não está apto para a função. Como resumiu Peter Drucker: "Gerenciar é fazer as coisas do jeito certo; liderar é fazer as coisas certas".

...

O mundo não começou a mudar na quinta-feira da semana passada! Ele está mudando há nove mil anos! Desde que um *Homo Erectus* da "área de inovação" descobriu que poderia criar um aplicativo chamado "Fogo" batendo uma pedra contra a outra.

Da mesma forma, o mundo não vai parar de mudar na quinta--feira da semana que vem!

Como o escritor americano Alvin Toffler avisou, "a mudança não é meramente necessária à vida, ela é a vida".

Conrado Schlochauer é doutor em Psicologia da Aprendizagem e do Desenvolvimento Humano pela USP. É um dos fundadores da

Teya, que cria ecossistemas de aprendizagem, e da Affero, companhia que treina mais de um milhão de profissionais por ano. Quando sentamos para conversar, ele resumiu:

– Existem tantas possibilidades de futuro que eu prefiro focar no agora!

Essa, talvez, seja a primeira grande técnica para se tornar um líder Flexível. Não olhar tanto para o amanhã a ponto de esquecer o hoje.

O "amanhã" da sua empresa está aí há décadas, desde que escreveram a missão no hall de entrada.

O amanhã está em todas as planilhas de Excel no último ano.

O amanhã, em última análise, já está velho!

Mas o *hoje* é um assunto novo. Cheio de variáveis cheirando tinta fresca! Cheio de verdadeiras novidades!

Quando focamos tão cegamente no amanhã, na verdade, apenas seguimos os planos que já foram determinados no passado.

Precisamos usar o filtro do agora.

Qual a realidade deste momento?!

O que essa realidade está trazendo que não trazia?

E, principalmente...

Como a realidade de hoje deveria impactar o meu comportamento?

6

Flexibilidade - Lição nº2

ABRA MÃO DA SUA EQUIPE

De onde vc tc?!

O mundo estava começando a criar relações virtuais (não só amorosas, de qualquer tipo!). No universo do trabalho, até podia, desde que fosse por e-mail!

Era como se uma parede invisível dividisse o mundo das redes sociais – pueril, informal, inútil – do sagrado mundo do Outlook, em que as coisas realmente importantes aconteciam.

Pouco a pouco... As coisas começaram a misturar!

Hoje, a proposta profissional da sua vida pode chegar via WhatsApp, vindo de alguém que usa como foto de perfil uma imagem da família conhecendo Maceió.

Anos atrás? Seria impensável.

...

Em 2018, a Deloitte realizou uma pesquisa com 11.000 executivos e líderes de RH para entender o que eles achavam do futuro.

Um dos resultados mostra que essa porteira está só começando a abrir!

70% dos entrevistados acreditavam que os trabalhadores vão ficar mais tempo em plataformas de colaboração, 62% previam o aumento de mensagens instantâneas.

Ou seja, cada vez mais, sabe onde estão as pessoas com as quais você trabalha?

Longe.

Ruptura

Vamos fazer um pequeno jogo.

Se você colocasse dez garotos britânicos com cerca de 16 anos em uma sala e dissesse:

– Pessoal, vou dar uma escolha para vocês. Trabalhar em uma empresa segura, grande, com um bom salário, com paredes coloridas e uma mesa de bilhar no espaço de descompressão... Ou ser freelancer?

Quantos, dos dez, considerariam a segunda opção?

Um?

Dois?

Três?

Cinco?!

Errou.

O relatório Gen Y and Freelancing, feito em 2014 na Inglaterra, mostrou que 87% dos jovens acham que viver de freela é uma alternativa muito atrativa.

A pesquisa da Deloitte também previu isso. Aliás, acostume-se a ela, ok? Vamos falar bastante desse material!

Lá, 33% dos líderes preveem aumento de freelancers e 28% esperam aumento de temporários.

Uma publicação do National Bureau of Economic Research disse que 95% dos empregos gerados nos Estados Unidos entre 2005 e 2015 eram formatos de trabalho alternativos.

Certo, são muitos números.

Talvez você não tenha dado o valor merecido.

Então vamos repetir o parágrafo anterior!

Leia len-ta-men-te.

Uma publicação do National Bureau of Economic Research disse que 95% dos empregos gerados nos Estados Unidos entre 2005 e 2015 são formatos de trabalho alternativos.

Como ser líder quando as relações de trabalho não são pautadas pelo sagrado organograma?

Como ser líder quando seu funcionário, na verdade, é seu fornecedor?

Como ser líder quando a maior parte da equipe só te vê pela videochamada?

Como ser líder quando as pessoas não são sua "propriedade"?

Resposta: sendo líder.

E não dono.

Uma das entrevistas que fizemos foi com Ivo Godoi, sócio da Ernst & Young. Então preste atenção ao próximo conselho, pois, normalmente, ele custaria bem caro.

– A liderança do futuro vai precisar aprender a trabalhar em rede, em um ambiente cada vez mais aberto, onde o *know-how*, a tecnologia do ecossistema estará disponível, sendo ou não da sua organização. Ou seja, você não controla os ativos, mas precisa convencê-los, com uma narrativa articulada, a participar da sua empreitada.

7

Flexibilidade - Lição nº3

ACEITE QUE VOCÊ NÃO É, VOCÊ ESTÁ

Essa história aconteceu na Escócia, em 1950.

Um grupo de cientistas pediu para diversos professores fazerem testes de personalidade com seus estudantes.

Ao todo, 1.200 adolescentes.

Eles mediram tudo!

Desde o nível de autoconfiança até a vontade de aprender. Os resultados foram analisados, divulgados e, como acontece com muitas pesquisas do tipo, guardados em uma belíssima gaveta.

Mais de sessenta anos se passaram e o pesquisador Mathew Harris, da Universidade Edimburgo, tirou o pó daquela papelada antiga. Ele olhou os números e teve uma ideia: descobrir onde aquelas "crianças" estariam hoje em dia.

Encontraram 174 pessoas, todos com cerca de 80 anos. Mandaram, para eles, o mesmo questionário que tinha sido preenchido mais de meio século atrás.

Os resultados chocaram o mundo.

...

Ao contrário do que algumas pesquisas anteriores mostravam, não havia *nenhuma* estabilidade significativa em qualquer uma das características.

Traduzindo em miúdos, a semelhança entre o grupo de jovens e o grupo de idosos era só o branco dos olhos.

Neste momento, talvez você esteja lidando com a primeira conclusão importante:

Sim, nós podemos mudar.

Aquele discurso "Eu sou assim! As pessoas que aceitem!" é, normalmente, vinculado à honestidade. Mas, na verdade, fala mais sobre preguiça.

Agora vamos para a segunda conclusão importante.

Mudar não é apenas uma possibilidade, mudar é inevitável.

Sua vida será repleta de uma sequência de eventos, surpresas, traumas e alegrias. Um corredor com tantas curvas, um labirinto com tantos buracos, que muito dificilmente a pessoa que chegará ao final da jornada vai ser a mesma que começou.

Em algum nível, sua personalidade vai mudar.

Isso é fato.

Para melhor?

Isso já é uma opção.

RESUMO!

1º | Esteja menos preparado.

Ao invés de tentar adivinhar o futuro, olhe para o presente. Só ele pode te dizer, com segurança, o que é necessário fazer.

2º | Mais líder, menos chefe.

A tendência é que sua equipe, cada vez menos, te respeite só porque é obrigada. Engaje! Mesmo quem está longe!

3º | Tome conta do seu destino.

Se a mudança é inevitável, que seja para o bem. Mudando pequenas coisas, todos os dias, você termina se tornando uma pessoa muito melhor do que aquela que começou essa aventura.

A Flexibilidade é uma das características do **Código Feminino da Liderança**. Seguindo essas três lições você poderá incorporar essa marca ao seu rol de habilidades.

#BONUSTRACK

Cognitive Flexibility Scale (CFS)

Criada pelos pesquisadores Matthew Martin e Rebecca Rubin, essa escala mede quanto você é Flexível ou não. Segue um QR Code para realizar o teste!

Escaneie com o
QR Code para acessar!

Uma dica!

Faça o teste agora e agende no Outlook para repetir daqui um ano. Já vai ser interessante ver a comparação!

Não precisa esperar 60 anos, como fizeram com os senhores idosos da Escócia.

8

SENSIBILIDADE

Temos um desafio.

Vamos contar uma historinha e, quando ela terminar, você passará por uma prova.

Na verdade, será apenas uma pergunta.

Mas será que você acerta?

A meta

José chegou em casa com os ombros caídos, desabou no sofá sem dar boa-tarde nem "beijinho de oi" na esposa.

– Como é que foi lá, Zé?!

– Foi.

– Fez a entrevista?!

– Fiz.

– Nada de novo?

– É...

Simulou a melhor cara de chateado que tinha. Depois abriu a mochila e sacou o documento de aprovação.

– CONSEGUI O EMPREGO! MEU SIM CHEGOU! VOU SER FRENTISTA!

Foi uma pequena sequência de gritos felizes. Só acabaram de abraçar quando ele foi experimentar o uniforme novo, para ela ver como é que ficava.

...

– Tudo tranquilo, Zé? Calibrador, filtro, bomba, radiador... Tá com dúvida em alguma coisa?

– Nisso tudo aí está tranquilo, senhor.

– "Nisso" tá tranquilo é porque tem algo que não tá.

– Sim, senhor. Eu tô com dúvida em relação a uma coisa...

– Que coisa?

– A meta.

– Que é que tem a meta?

– Tem uma meta para quanta gasolina eu vendo.

– Isso.

– Mas senhor, como é que eu vou fazer? Não dá pra ir lá no meio da rua e puxar o carro. Se a pessoa quiser gasolina ela vem no posto, senão ela não vem!

– Zé, negócio é o seguinte. Seu trabalho não é o radiador, nem o óleo, nem o para-brisa. O seu trabalho é A META.

– Mas...

– Bom trabalho!

...

– Juliana, Ricardo, Cauê, Patrícia e... Maria! Parabéns, bateram a meta! Palmas para eles, pessoal!

O grupinho de frentistas na sala deu aquela "aplaudida institucional", típica das reuniões em pé.

– Wilson e José não atingiram a meta.

– Chefe, eu vou para o banquinho do castigo?

José, recém-chegado, achou que era piada. Até começou um riso. Mas as pessoas continuaram sérias.

– Eita, Wilson! Já tá acostumando com esse banquinho, hein? Duas horinhas, Wilson? Pra repensar?!

Wilson caminhou quieto até o banco velho e desconfortável que ficava ao lado do lixo.

– E você, José?!

– Como assim?! Quem não bate a meta tem que ir para o *banquinho do castigo*?!

– Era isso. Mas tem um banquinho só. E agora... O que é que eu faço com você?!

O chefe olhou para os lados e viu que o gramado, ao redor da pista, estava ficando alto demais.

– Vamos fazer assim, Zé. Você vai arrancar a grama.

– *A grama?!*

– A grama, ué! Vai lá, em volta do posto, e puxa tudo com a mão.

José demorou quatro meses para ter coragem de dizer à esposa que queria sair do emprego.

...

Fim da história.

Agora, vamos à pergunta.

Em sua opinião, esse conto que mostramos aqui é baseado em uma história real?

Sim ou não?

Este parágrafo é, inteiro, escrito só para você ter tempo de pensar antes de sair buscando a resposta pronta. Vamos lá! Faça uma escolha. Em sua opinião, a história do "Zé" realmente aconteceu?

Bom, sentimos muito informar.

Sim, ela é.

A diferença é que os assédios não duraram só alguns meses, como fizemos parecer. Eles aconteceram centenas de vezes entre os anos de 2009 e 2013 em um posto de gasolina de Sorocaba. O caso acabou virando um processo judicial monstruoso.

Não muito diferente de tantos outros casos que a juíza do trabalho Adriana Leandro, do Tribunal do Trabalho do Rio de Janeiro, recebe todos os dias.

Como ela contou em entrevista à BBC Brasil, são "situações relatadas pelos trabalhadores que a gente fica na dúvida se são verdade ou não".

É justamente por causa dessa dúvida que criaram um projeto de nome bem polêmico.

"Vivendo o Trabalho Subalterno"

Foi criado pela Escola Judicial do TRT-RJ no ano de 2017.

E, por muito pouco, não acabaram com ele no ano de 2017 mesmo.

...

– Então a ideia é colocar magistrados e desembargadores para viver um dia de "gente comum"? De pedreiro, funileiro, ajudante de estacionamento?

– Isso.

– E o que o juiz ganha com isso?

Vale deixar registrado que a pergunta "O que juiz ganha com isso?" foi um questionamento *real* que os desenvolvedores do projeto tiveram que ouvir.

Nesse caso, qual teria sido a resposta adequada?

– ELE GANHA NOÇÃO! ELE SE TOCA! Ele descobre que existe um mundo fora do condomínio fechado onde ele mora! Aprende o que é a vida de 99% da população! GENTE QUE SOBREVIVE DOIS ANOS COM O DINHEIRO QUE ELE GANHA EM UM MÊS!

Não sabemos qual foi a resposta verdadeira, mas imaginamos que tenha sido algo como:

– Desenvolvimento sociocultural.

Houve uma segunda pergunta que os criadores do projeto enfrentaram. De fato, ela requereu imensa intelectualidade argumentativa.

Um dos juízes, ao ouvir a proposta, questionou:

– *Mas eu fiz concurso público para isso?!*

A juíza Adriana Leandro, na contramão desse tipo de pensamento, foi uma das inscritas.

Como ela mesma disse para a jornalista Letícia Mori, "a empatia é essencial para todos. Mas para nós especialmente, diariamente. A gente tem que se colocar no lugar do outro. Se colocar na pele tanto do trabalhador quanto do empregador para entender as dificuldades que eles enfrentam".

A teoria é linda, a prática é bem difícil.

Imagine uma típica visita no fast-food, por exemplo. E o rapaz do balcão nem olha na sua cara enquanto atende.

– Molho extra?

– Promoção do dia?

– CPF na nota?

– Débito ou crédito?

– Pedido em nome de quem?

E você ali, irritado com aquela pessoa que sequer levanta a cabeça para te olhar. Enquanto pensa: "Gente, eu só queria um hambúrguer".

Lembra-se de ter vivido momentos assim?

Certo.

Agora, reflita.

Alguma dessas vezes você ponderou:

"Talvez esse rapaz faça faculdade à noite. E de madrugada fique com o irmão no hospital. Talvez não falte vontade. Talvez falte, literalmente, energia".

Viu como é difícil?

Se é difícil no fast-food, imagina no meio da pressão do dia a dia!

Por isso que este capítulo existe.

Precisamos falar sobre *Sensibilidade*.

Sensibilidade, um tema delicado

Comecemos com uma má notícia.

Se, normalmente, já é difícil ter um chefe *sensível*, no Brasil... Mais ainda.

Erin Meyer, a autora de *The culture map: breaking through the invisible boundaries of global business*, criou um gráfico que mapeia os países de acordo com um critério: *como as decisões são tomadas.*

Sim, estamos no mesmíssimo quadrante da China e da Arábia Saudita.

Mapeamento de culturas de liderança

De: "sendo o chefe em bruxelas, boston e beijing'
Por Erin Meyer, Julho-Agosto 2017

Existem indícios científicos de que autoritarismo é uma espécie de doença. Os pesquisadores David Owen e Jonathan Davidson publicaram, na revista *Brain*, um estudo extremamente curioso.

Analisaram o padrão de comportamento dos presidentes dos Estados Unidos dos últimos 100 anos.

Com isso, conseguiram catalogar todos os distúrbios mentais e de comportamento que esses políticos tiveram.

Entre 1776 e 1974, praticamente metade dos líderes (49%) preenchia algum critério que sugeria transtorno psiquiátrico.

Depois, compararam os dados com as médias populacionais. Foi aí que as coisas começaram a aparecer.

Embora os números, em gerais, estivessem em sintonia com a média (dependência de álcool, bipolaridade, ansiedade etc.), a taxa de depressão entre os presidentes era praticamente *o dobro.*

Após meses analisando os detalhes, os professores concluíram que se tratava da Síndrome de Hubris, ou a *Síndrome da Presunção*.

Segundo eles, o comportamento "hubrístico" acontece quando uma pessoa com certa disposição encontra os gatilhos ideais. Ou seja, para quem é portador da doença, alcançar o poder é o equivalente a um alcoólatra entrando no *open bar*.

Quanto mais poderoso você é, mais a chance da sua insensibilidade aflorar.

E é por isso que existe um Cees 't Hart só.

Cees 't Hart

É relativamente comum lembrar do nosso primeiro dia de estagiário ou de trainee. Bom, saiba que o primeiro dia como CEO não é menos emocionante!

Quando Cees se tornou líder global da Carlsberg, teve que respirar fundo. Afinal, estava à frente de 40.000 pessoas produzindo, vendendo e distribuindo cerveja em praticamente todo o globo terrestre!

Uma história de mais de 150 anos que, de repente, entregaram na mão dele.

– Senhor?

– Oi.

– Aqui está o seu cartão.

– Ah, obrigado.

Pegou a tarjeta que o assistente entregou. Fez isso com um movimento automático. O mesmo que nos leva, às vezes, a pegar o comprovante depois de passar o débito.

– É... que cartão é esse?

– É o cartão do elevador, senhor.

Agora ele podia destrancar os "andares secretos". O cartão dava acesso para os pavimentos mais altos da matriz! Ou, como se diz em inglês (para deixar a coisa mais imponente), *"the very top of the headquarter"*.

Lá, além de salas maiores e aconchegantes, tinha um benefício especial: a vista! Janelões de vidro mostrando o entardecer de Copenhague.

Cees, dois meses depois, fez algo que chamou a atenção de todo mundo. Ou, como se diz no bom português (para deixar a coisa mais verdadeira), "virou um bafão!".

Ele pegou o computador, o porta-lápis e o porta-retrato. Achou uma mesinha de quina lá no primeiro andar. Perguntou se alguém estava usando e, já que estava livre, *instalou-se!*

Em dois meses, Cees conhecia os principais pontos do seu trabalho. Conhecia os processos, conhecia os sistemas e conhecia as métricas.

Só tinha uma coisa que não conseguia conhecer de jeito nenhum. As pessoas!

"E se eu não conheço gente, não sei o que elas pensam, não tenho uma ideia do pulso da organização... Então eu não posso liderar de verdade".

A expressão "pulso da organização" mostra, de maneira visual, a Sensibilidade.

Então, pensando no exemplo de Cees, faça uma rápida conta.

1º Quantos líderes você conhece?

2º Quantos deles... lideram?

Sensibilidade e os negócios

O primeiro passo para ter uma boa Sensibilidade talvez seja... Dar valor à Sensibilidade!

Não sabemos se, depois de arranjar seu cantinho no térreo, Cees't Hart realmente conseguiu entender o que se passava na cabeça e no coração dos funcionários da companhia. Mas sabemos que, com certeza, ele tinha mais chance do que no período em que ficou "internado" no 20º andar.

Mas, como vimos com a Síndrome de Hubris, não é uma tarefa simples encontrar pessoas que, mesmo quando são colocadas no holofote, continuam próximas e acessíveis.

Acontece que isso não é só um problema de relacionamento. Isso é um problema de mercado.

Em 2015, a KRW International, uma consultoria americana, realizou uma pesquisa que colocou a liderança em xeque de uma forma bem diferente do que estamos acostumados a ver.

Funcionários de quase uma centena de empresas responderam anonimamente uma pesquisa sobre seus CEOs. Mas os critérios não foram os KPIs de sempre.

Com os números na mão, os CEOs foram divididos em dois grupos. Os *Virtuosos* e os *Autocentrados*.

Os indicadores – de zero a cem – podem ser vistos no quadro a seguir.

Como os líderes pontuaram

Os funcionários classificaram seus CEOs em quatro características usando uma escala de 100 pontos, onde 100 significava que o líder "sempre" exibia a característica. Os maiores pontuadores ("CEOs virtuosos") superaram os mais baixos ("CEOs autoconscientes") em todo o quadro.

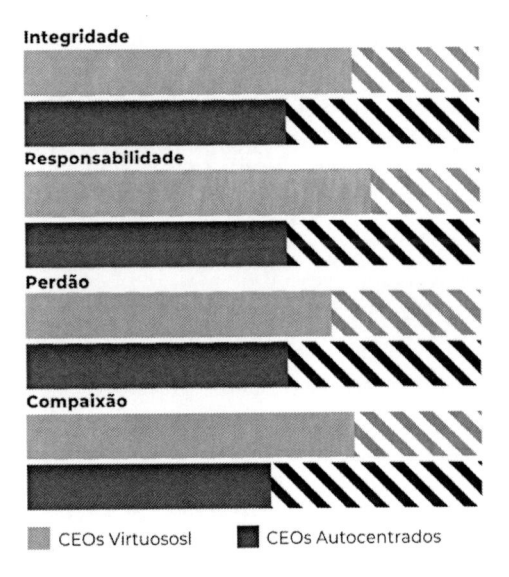

Integridade

Responsabilidade

Perdão

Compaixão

CEOs Virtuososl   CEOs Autocentrados

Fonte: KRW
De: "Medir o retorno do personagem", Abril de 2015

Existe gente legal.

Existe gente que não é legal.

Até aí, nada de novo.

A surpresa veio quando essas informações foram colocadas ao lado dos resultados financeiros das instituições.

Os CEOs considerados Virtuosos pelos seus funcionários tiveram um retorno sobre os ativos (ROA) de 9,35% em um período de dois anos. Quase *cinco* vezes mais do que aqueles com os CEOs Autocentrados, com ROA médio de 1,93%.

Para deixar claro, vamos dizer com todas as letras: qualidades como compaixão e capacidade de perdoar são ativos de negócio.

Talvez um *board* mais desavisado possa não exigir isso no currículo dos seus líderes, mas a realidade vai exigir isso na hora de dizer quem vai bater a meta ou não.

Não é por acaso que no estudo global da Deloitte, 52% dos entrevistados acham que habilidades sociais terão uma demanda naturalmente cada vez maior.

Em um cenário em que tudo que pode ser mecanizado efetivamente será, a capacidade de ser humano é a única coisa que não pode virar um aplicativo.

Durante a entrevista, Cíntia Oliveira, VP de Negócios Financeiro da Atento, nos disse: "Na minha empresa, a capacidade de cuidar das pessoas é um KPI que vem sendo acompanhando de perto. Inclusive no macro! Uma das metas é saber quanto nos importamos com as outras áreas".

Richard J. Murnane e Frank Levy, professores de Harvard e do MIT, afirmam que 30% dos novos empregos com altos salários serão "essencialmente humanos".

Se um RH te perguntasse

– Você é líder Sensível? Me dê um exemplo!

Você responderia bate-pronto?

Ou faria uma introdução bem longa e bonita para te dar tempo de pensar?

Mas e as mulheres? São realmente mais sensíveis, ou não?!

"Seguramente existe diferença entre a liderança masculina e a feminina. As mulheres líderes que trabalham comigo têm uma Sensibilidade muito melhor, levam esses detalhes em conta no processo de decisão. Já a masculina não tem a mesma Sensibilidade".

O parágrafo anterior está dentro de uma caixa chamada Opinião Pessoal, no caso de um dos líderes que entrevistamos no desenvolvimento do livro.

Mas será que existem fatores científicos que nos levem a achar que a mulher tem, de fato, uma sensibilidade mais apurada?

Ou apenas estamos com nossos olhares enviesados depois de crescer assistindo a tantas novelas das seis?

...

O Departamento de Psicologia da Universidade de Valência resolveu averiguar. Realizaram um estudo com 500 participantes entre 13 e 16 anos.

Por falta de uma, fizeram duas sessões! Em dois anos diferentes.

Por falta de uma, usaram duas metodologias! O Índice de Empatia para Crianças e Adolescentes, de Bryant, e o Índice de Reatividade Interpessoal, de Davis.

E, mesmo assim, os resultados continuaram rigorosamente os mesmos.

A resposta das garotas é significativamente maior. "Um Pouco Acima" no critério *Empatia Cognitiva* e "Bem Acima" no critério *Empatia Emocional.*

Está convencido?

Leonardo Christov-Moore e Marco Iacoboni, da Universidade da Califórnia, não estavam.

O doutor em Ciências Psiquiátricas e Biocomportamentais e o diretor do Laboratório de Neuromodulação se uniram. A missão era tentar *enxergar a empatia em um scanner.*

Diversos sujeitos entraram em uma máquina de ressonância magnética enquanto assistiam a dois vídeos.

No primeiro, uma mão humana era cutucada com um cotonete bem macio.

No segundo, uma mão humana era cutucada com a agulha afiada de uma seringa.

Talvez você seja uma daquelas pessoas que reagiu pensando: "Ai!". Pois é justamente esse "Ai!" que eles queriam analisar.

O resultado foi: as mulheres tinham um nível de oxigenação sanguínea cerebral maior nas cenas da seringa.

E o que significa isso?

Oxigenação maior sugere mais circulação de sangue.

E o que significa isso?

Mais circulação de sangue sugere mais atividade cerebral.

E o que significa isso?

Não vamos fugir mais da conclusão.

Elas têm uma capacidade maior de sentir a dor do outro.

"Geneticamente, no entanto, eles são idênticos".

A frase é do doutor Varun Warrier, da Universidade de Cambridge. Ele conduziu o que ficou conhecido como "A Maior Pesquisa do Mundo Sobre o Tema", com simplesmente quase 50.000 pessoas analisadas.

No final (o que pode ter sido um pouco decepcionante depois desse trabalho todo), concluiu o que já estava concluído.

Sim, as mulheres são mais sensíveis em relação ao outro. Mas... Como ele mesmo afirmou, não há diferenças genéticas mapeadas que expliquem isso.

A única possível explicação, portanto?

Social.

A Sensibilidade pode ser aprendida.

Aliás, vamos reescrever a frase acima.

A Sensibilidade DEVE ser aprendida.

E é exatamente isso que vamos fazer nas próximas páginas.

9

Sensibilidade - Lição nº1

OLHE E ESCUTE, SÓ QUE DE VERDADE

Para ilustrar, segue um caso de bastidores.

Nesse caso, literalmente!

Aconteceu atrás das cortinas de um grande evento gerenciado por um líder com o qual conversamos.

Era um dia muito importante, centenas de pessoas trabalhando para fazer tudo funcionar direito.

De repente, ele percebeu uma discreta movimentação na equipe técnica.

Houve uma época, você deve se lembrar, em que o termo Rádio Peão fazia sentido. Hoje, isso precisava passar por um *rebranding*. Quem sabe... WhatsApp Peão?

Esse líder chamou uma pessoa da equipe com quem tinha mais conexão emocional para se informar.

– Dulce, está tudo bem?

– Está tudo bem.

– Não, eu quero dizer... Está TUDO bem?

– Mais ou menos.

– Qual é a parte menos?

– O Felipinho. A mulher dele vai ter bebê hoje!

Descobriu assim, em conversa de corredor, que o rapaz ia ser pai pela primeira vez. Mas tinha medo de falar porque era o dia mais importante do ano para a empresa.

– Meu Deus! Que horas vai ser isso?!

– Não perguntamos para o bebê. Eu sei lá que horas! A mulher já tá na maternidade.

O líder, ao invés de dispensar o rapaz imediatamente, chamou a equipe – inclusive o Felipinho – e colocou a questão na mesa.

– Minha opinião? O Felipinho não deveria nem ter vindo hoje! Mas sei que a ausência dele vai impactar o trabalho de todo mundo aqui. Então quero saber de vocês! Vocês concordam comigo? Acham que conseguimos segurar as pontas sem ele?

No final do dia, Felipinho mandou fotos e agradecimento de áudio todo emocionado.

...

Entendamos!

As pessoas não apenas compartilham processos. Elas compartilham a própria experiência de viver! Para o bem ou para o mal, seu time vai dividir sentimentos e percepções. Comentários sempre vão acontecer.

A pergunta é: você está interessado neles?

Como líder, isso te dá duas opções.

1ª - Fazer o jogo do isento.

Partir do princípio de que você está lá só pelo número da planilha e fingir que não está vendo como isso afeta as pessoas.

2ª - Estar atento aos pequenos sinais.

Observar as pessoas, entender padrões e as quebras dos padrões. Buscar as causas e estar lá! Para apoiar quando necessário.

10

Sensibilidade - Lição nº2

SIM, É PESSOAL

Laércio Albuquerque fez uma coisa bem recomendável quando se tornou CEO pela primeira vez.

Foi buscar conselhos.

Entre as velhas sugestões de KPIs, ORKs e Trends, alguém falou um negócio diferente!

– Não se esqueça dos seus filhos. No final, ninguém vai lembrar sobre o que eram todas essas reuniões. Mas seus filhos vão lembrar se você abandonar a família.

Anos depois, já presidente da Cisco, levou isso às últimas consequências.

O *board* de conselheiros agendou uma reunião de planejamento estratégico na matriz global.

– Sinto muito. Mesmo! Mas não poderei estar presente.

A razão?

Já tinha se comprometido a levar os filhos para conhecer a Disney.

...

A pergunta é: até que ponto um gestor deve se preocupar com a felicidade da sua equipe em questões que vão além do trabalho?

A resposta gira em torno de... *100%*.

Já falamos sobre Marcio Fernandes, CEO referência no Brasil. Ele conta que a empresa criou até canais de comunicação específicos para isso.

"As pessoas podem acioná-lo a qualquer hora do dia, com total confidencialidade e anonimato, para falar de qualquer problema. Se está endividada, ela tem auxílio de um consultor financeiro para reestruturar as contas e renegociar dívidas. Ou, se preferir, pode ir direto para o gestor. Uma colaboradora está com a filha na UTI desde que nasceu. A licença maternidade já acabou, ela voltou para o trabalho, mas a menina continua no hospital porque nasceu muito prematura. Então, conversamos e construímos uma escala de trabalho que viabilize que a mãe priorize a filha".

Não, você não é dono da vida de ninguém. As mesmas métricas de respeito que você usa para não se meter na criação do filho da sua cunhada continuam valendo aqui.

Mas... Um funcionário que está tão triste não vai performar da mesma forma. Porque a divisão entre *Trabalho* e *Casa* é uma grande ilusão. Nossos pensamentos são fluídos, somos humanos.

Por isso, saia da hipocrisia do "isso não é da minha conta". Demonstrar interesse genuíno na pessoa e dar espaço para ela se abrir é fundamental para que essa parceria funcione.

Como se você e sua equipe, imagine só, trabalhassem juntos!

:)

11

Sensibilidade - Lição nº3

ESCUTOU TODO MUNDO? ATÉ A SI MESMO?

Teremos que dividir este tópico em duas partes.

A "Normal" e a "Hard".

Começaremos pelo mais fácil.

Lembra-se do Fred Mayrink, diretor de novelas que comentamos no capítulo de Flexibilidade?

Bom, ele nos agraciou com uma segunda história que, acreditamos, merece ser contada.

Estava gravando um programa que se passava dentro de um circo! Então, ao redor, além dos habituais equipamentos de gravação, tinham mágicos, palhaços, malabaristas e bilheteiros.

Fred estava procurando alguma forma de conseguir gravar um take realmente *impressionante*.

Então, veio o estalo.

– Vamos gravar a modelo *dentro* do Globo da Morte!

Esteticamente seria incrível! As motos rodando e a moça no meio. Sorrindo! Poderosa!

Olharam para a menina... As canelinhas tremendo.

– Pelo amor de Deus, gente! Não faz isso comigo não! – Em pânico.

O que ele fez?

Se colocou no lugar dela.

Literalmente.

– Vamos fazer assim: eu vou primeiro! Te mostro como é tranquilo, ok?

– Tá...

Ele entrou no Globo da Morte.

Ficou impressionado com o cheiro forte de óleo misturado com a ferrugem.

Também não entendeu como, no meio de duas motocicletas roncando, conseguiu ouvir tão claramente o "clic" quando trancaram a gaiola.

"Foram dois minutos, mas pareceram duas horas. Eu só pensava: como é que eu vim parar aqui?! As motos começaram a rodar ao lado da minha cabeça. Eu não podia me mexer. Não podia nem desmaiar! Senão estava morto. Me restou pedir a Deus, e foi o que eu fiquei fazendo".

A experiência acabou. Ele saiu com uma cara tranquila, andando com quem passeia pelo calçadão de Copacabana.

Confiante, colocou a mão no ombro da modelo e disse:

– Filha. Não vai.

...

Antes de tomar decisões precisamos refletir sobre como aquilo impacta as pessoas. O que estamos fazendo com os sentimentos delas!

Se você define uma série de processos antes de se perguntar como *você mesmo* se sentiria se recebesse uma ordem dessas, acabou de encontrar sua resposta para a pergunta: "Por que ninguém faz o que eu falo?".

Mas, como avisamos (sim, nós avisamos!) Este tópico terá um modo *Hard*.

Modo Hard

Com certeza, uma das mais impressionantes descobertas recentes da neurociência comportamental foram os neurônios-espelho.

Olha que curioso: foi por acidente!

Neurobiólogos italianos estavam monitorando uma célula específica no cérebro de um macaco. O problema é que ela só aparecia nos monitores quando o animal levantava o braço.

Numa tarde, um assistente chegou ao laboratório com um sorvete na mão. Na hora em que o rapaz levantou o próprio braço para lamber o picolé... a célula no cérebro do macaco reagiu!

Não, gente.

Não foi inveja do sorvete.

Era a primeira evidência de que o cérebro está repleto de neurônios que "espelham" o que outro faz.

O macaco não precisou levantar o próprio braço para o computador apitar. Bastou ver alguém fazendo.

Na prática, quando detectamos – consciente ou inconscientemente – as ações e emoções de alguém, acontece um Ctrl+C / Ctrl+V disso dentro de nós.

Se eu identifico que a pessoa está relaxada, eu fico relaxado.

Se eu acredito que a pessoa está brava, uma pequena indignação cresce dentro de mim.

Se eu percebo que a pessoa está triste, mesmo que eu não queira, meu tom de voz vai mudar.

A primeira utilidade disso é óbvia. Você pode estimular sentimentos nas pessoas, simulando que eles estão em você.

A segunda utilidade disso, no entanto, não é tão óbvia assim.

Afinal, da mesma forma que você impacta os demais, também é impactado, correto?

Logo, uma boa forma de saber o que sua equipe está sentindo é... olhe para o que você está sentindo! Como você se sente quando termina a reunião com sua equipe? Isso que está em você pode estar neles também.

Emoções são, *literalmente*, compartilhadas.

12

Sensibilidade - Lição nº 4

A HUMILDADE É ATIVO DE NEGÓCIO

Donald Trump, certa vez, deu uma entrevista dizendo que era mais humilde do que as pessoas pensam, mas que esconde isso como uma "estratégia de negócio".

Um estudo conduzido pelos pesquisadores Amy Ou, David Waldman e Suzanne Peterson resolveu averiguar essa história e entender, afinal, se humildade faz bem ou faz mal. Já que essa discussão é tão antiga quanto "Pode tomar mais de um Yakult por dia?".

Mesclaram dados de 105 empresas da indústria de software e hardware nos Estados Unidos. A conclusão é que CEOs humildes estão diretamente ligados com:

1º - Menor turnover.

2º - Maior satisfação da equipe.

3º - Performance empresarial.

Mas qual a razão disso?

Não é mágica. Nem um senso de justiça divino que dá o lucro para quem é "mais legal". Existe uma razão simples e técnica pela qual a humildade fomenta resultados.

Cientistas da Duke University, na Carolina do Norte, separaram um grupo de 155 pessoas entre "humildes" e "arrogantes". Não, o critério não foi a cara.

Intelectualmente humilde, basicamente, é a pessoa mais disponível a mudar de ideia. Intelectualmente arrogante, portanto, é quem demora para "arredar pé".

Os participantes tiveram acesso a uma série de informações novas dentro de temas conhecidos. O que foi medido? Simplesmente, a capacidade de aprendizado.

Sim, cientificamente, os humildes aprendem mais. E os não humildes ficam lá, 30 anos, na mesma cadeira, dizendo que aquilo "é o certo".

Essa CAPACIDADE DE APRENDER tem impacto direto na habilidade pessoal do líder e, obviamente, na possibilidade de fomentar inovação.

Mas, além disso, tem um terceiro ponto crucial.

O líder humilde tem mais CAPACIDADE DE APRENDER...

... sobre o outro.

...

O líder humilde tem mais sensibilidade sobre o outro. O impacto disso é mais poderoso do que você pensa, pois, como mostrou uma análise com mais de 600 pessoas feita pelo professor Bradley P. Owens, da Universidade Brigham Young, isso tem efeito exponencial.

"Nossas descobertas demonstram que o comportamento do líder pode se espalhar por meio de contágio social para os seguidores".

Líderes humildes aprendem mais e ensinam seus gerentes a fazer o mesmo. Isso alcança a organização inteira e, de repente, todos estão mais abertos para novas estratégias e novas possibilidades.

Obviamente, o contrário também é verdade. Líderes fechados criam equipes fechadas, e é esse tipo de empresa no qual a palavra "implantação" dá até arrepio.

13

Sensibilidade - Lição nº 5

SER SENSÍVEL NÃO É SER "BONZINHO"

Loren Toussaint e Jon Webb, da Universidade Estadual do Tenessee, tinham uma pergunta importante.

Com tantas pesquisas mostrando que as mulheres são, de fato, mais empáticas, podemos dizer que *elas aceitam mais os erros*?

Para descobrir, compararam as medidas de empatia (as mesmas das outras análises) com a *EFI*.

Ou, se quiser usar o nome completo, o Enright Forgiveness Inventory. Uma métrica bem objetiva para saber em que local da escala a pessoa está entre "Ah, deixa isso pra lá!" ou "Vou fazer de tudo para te prejudicar!".

O resultado é que, apesar de elas serem mais empáticas, isso não significou em *nada* ter maior nível de aceitação às falhas dos outros.

Sim, estamos sugerindo que você eleve seu nível de sensibilidade para entender cada pessoa da sua equipe como um ser humano completo e complexo. Como alguém sujeito a todas as interferências externas que costumamos chamar de... Vida.

Não, não estamos sugerindo que você rebaixe as réguas de qualidade, nem as médias dos resultados.

A ideia não é diminuir a pressão.

É continuar sendo um líder exigente, mas com um radar aberto para as pessoas. Isso não vai barrar possibilidades. Ao contrário! Vai permitir que vocês criem caminhos juntos.

RESUMO!

1º | Olhos e ouvidos abertos.

Pessoas têm padrões e esses padrões não mudam se nada acontecer. Seja do lado de dentro, seja do lado de fora.

2º | Sim, é pessoal.

Não faça o Jogo do Isento e permita se relacionar com os seres humanos que estão ao seu redor, não só com seus postos de trabalho.

3º | Ohe para seus sentimentos.

Você é uma antena de emoções alheias. Ouvir, com carinho, o que reverbera dentro de você é um bom jeito de estar atento ao mundo ao seu redor.

4º | Entender é aprender

Queira, sempre, aprender mais sobre as pessoas que estão ao seu redor. Seja curioso sobre o bem-estar e os sentimentos delas.

Quem admite saber pouco sobre os que estão ao redor tem mais chance de desenvolver a capacidade empática.

5º | Não baixe a régua.

Não diminua o padrão de qualidade. Ser sensível não é "deixar passar", é apenas interagir com os sentimentos das pessoas.

A Sensibilidade é uma das características do **Código Feminino da Liderança**. Seguindo essas quatro lições você poderá incorporar essa marca ao seu rol de habilidades.

#BONUSTRACK

Criada pelos doutores Jolliffe e Farrington, a Escala Básica da Empatia é um teste de cinco minutos utilizado em pesquisas no mundo inteiro.

Agora, você pode fazer o teste!

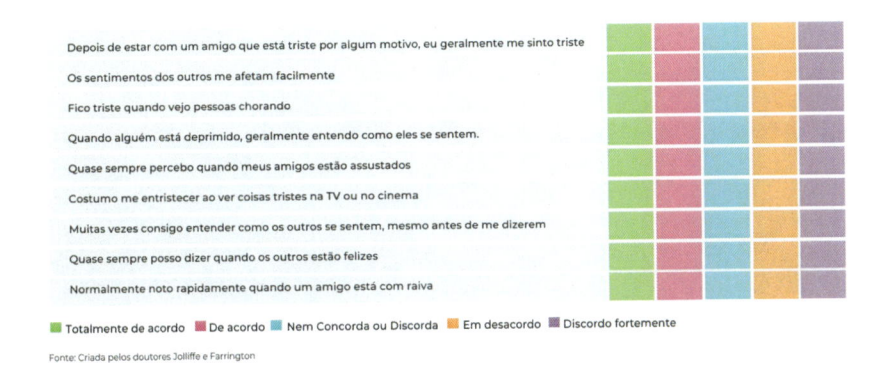

Depois de estar com um amigo que está triste por algum motivo, eu geralmente me sinto triste

Os sentimentos dos outros me afetam facilmente

Fico triste quando vejo pessoas chorando

Quando alguém está deprimido, geralmente entendo como eles se sentem.

Quase sempre percebo quando meus amigos estão assustados

Costumo me entristecer ao ver coisas tristes na TV ou no cinema

Muitas vezes consigo entender como os outros se sentem, mesmo antes de me dizerem

Quase sempre posso dizer quando os outros estão felizes

Normalmente noto rapidamente quando um amigo está com raiva

■ Totalmente de acordo ■ De acordo ■ Nem Concorda ou Discorda ■ Em desacordo ■ Discordo fortemente

Fonte: Criada pelos doutores Jolliffe e Farrington

Some os resultados dos itens 1, 2, 3 e 6.

Considerando a nota 20 como 100%, você terá seu índice de *Empatia Afetiva*.

Some os resultados dos itens 4, 5, 7, 8 e 9.

Considerando a nota 25 como 100%, você terá seu índice de *Empatia Cognitiva*.

Nossa dica!

Faça o teste e, em paralelo, peça para uma pessoa que te conhece muito bem (seu marido, sua esposa, sua mãe) preencher o teste *sobre você*.

Assim você terá um comparativo de como sua empatia *efetivamente* é e como é *percebida*.

14

COMUNICAÇÃO

Adônis é uma daquelas pessoas amaldiçoadas pelo próprio nome. Parece estranho (aliás... **é** estranho!), mas existem estudos que analisam quanto às pessoas deixam o nome próprio influenciar suas escolhas e personalidade.

As correlações são absurdas! Vão desde a origem etimológica até às letras iniciais. É relativamente comum ver quem gosta de encontrar alguma relação entre o "como se chama" e o "quem sou eu na vida".

Talvez por isso, Adônis tenha crescido com uma pequena voz sussurrando repetidamente:

"Você é melhor do que os outros! Você é melhor do que todo mundo!".

E o pior?

Aparentemente, era mesmo.

- Melhor aluno da escola.

- Melhor aluno da faculdade.

- Melhor gerente regional.

- CFO do ano.

- Personalidade do Prêmio inovação.

- CEO mais jovem da história da empresa.

Como tinha acabado de assumir o cargo, não queria parecer distante da equipe. Decidiu participar do "Workshop de Formação de Propósito" junto aos coordenadores.

Mas sabe quando você aceita um convite e depois fica uma semana se arrependendo?! Foi isso.

"Que ideia mais burra! Tanta coisa pra fazer!". Ia perder o dia inteiro com essas besteiras do RH.

– Pai, você não vai responder a Letícia?

– Oi, filho. Desculpa, o que você disse?

– Eu não disse mais nada, pai. Mas a Letícia falou contigo! Não vai responder?

Olhando o Outlook, pensando no workshop, Adônis esqueceu que estava no meio café da manhã com os dois filhos.

A menorzinha, Letícia, ainda era um pedaço de gente com um giz de cera na mão.

– Oi, filha! Desculpa, papai tá aqui!

– [sons ininteligíveis seguidos de riso e baba]

– Leandro, cadê sua mãe?

– A última vez que eu vi ela tinha entrado no banheiro pra se arrumar. Mas pela demora acho que isso deve ter sido em 2006. – O menino se levantou e saiu para sua escola britânica.

...

Quando o workshop começou, Adônis fez todas as expressões faciais de empolgação que precisava fazer. Mas, por dentro, estava esperando mais um PowerPoint cheio de blá blá blá da consultoria.

– Senhor Adônis, fico muito feliz que tenha decidido participar do workshop junto conosco!

– A empresa investe sério em desenvolvimento. Se eu perdesse isso estaria jogando dinheiro fora! – E deu um sorriso. Mas não qualquer sorriso! O sorriso... certo.

Escondeu bem os calafrios que tinha toda vez que pensava na parte da dinâmica. O que iam inventar agora? A gente puxar um barbante pela sala inteira para mostrar que "somos um só"? A gente resolver algum case tirado de um livro sobre economia escrito antes da invenção do 3G?!

A instrutora, uma mulher com quase cinquenta anos, começou a tocar Enya.

Foi nessa hora que Adônis pensou um palavrão.

*"***! Lá vem aquelas dinâmicas de reflexão!".*

– Por favor, peguem papel e caneta. Vou fazer uma pergunta que cada um deve responder individualmente. As respostas **não serão** lidas para a sala, então fiquem à vontade.

"Qual a pergunta boba da vez? Qual meu propósito no mundo? A lista das forças e fragilidades?".

– A pergunta é... O que você acha que vai ouvir – e o que você gostaria de ouvir! – das pessoas que estiverem no seu aniversário de oitenta anos?

Daí, Adônis travou.

Oitenta anos?!

A empresa acostuma tanto a gente a pensar só nos próximos cinco anos que ele nem lembrava que existia vida depois.

Primeiro, imaginou sua mulher.

O que gostaria de ouvir:

"Não teve nada que nós construímos que não tenha sido feito *juntos*! Obrigado por dar significado para minha vida".

O que acha que vai ouvir:

"Uma pena que foi tão corrido. Mas pelo menos as crianças estão bem".

Depois, imaginou seu filho.

O que gostaria de ouvir:

"Pai, fiz exatamente como o senhor. Trabalhei em coisas que acreditava e nunca deixei de ser feliz".

O que acha que vai ouvir:

"Pai, fiz exatamente como o senhor. Trabalhei em coisas que me trouxeram estabilidade e acho que foi melhor assim".

Por fim... Imaginou Letícia.

O que gostaria de ouvir:

"Pai, vou abrir minha primeira escola de artes fora do Brasil! Obrigado por ter confiado em mim!".

O que acha que vai ouvir:

"Senhor, a Letícia ligou. Ela pediu para avisar que está em reunião de fechamento semestral e não poderá vir. Mas falou que passa mês que vem para dar um abraço".

Quando Adônis olhou ao redor, viu que a música já tinha terminado e todos estavam olhando para ele. A sala estava naquele clima de "vamos ficar quietos esperando o chefe terminar".

Pediu desculpas.

Pediu licença.

Saiu.

Foi mandar um "Eu te amo" por WhatsApp.

Essa é das muitas reações que a McKinsey provoca quando aplica esse exercício. Ele é utilizado em alguns de seus workshops sobre propósito.

Não é por acaso.

Afinal, a pergunta mais difícil não é "para onde vamos?" e sim... "Para onde estamos nos levando?!".

Não é um assunto fácil.

E é nesse assunto que vamos entrar agora.

Propósito... dá felicidade?!

O PhD Nicholas Pearce, autor do livro *The purpose path*, conta como foi sua conversa com metade dos líderes das 100 maiores empresas do mundo.

– Qual o propósito da sua companhia? Vocês existem para quê?

Geralmente, eles se olhavam entre si, vendo quem ia falar primeiro, até alguém responder:

– Nós trabalhamos para as coisas continuarem indo bem por aqui.

– Ou seja, a razão pela qual vocês existem é garantir que vocês continuem existindo?

É pior que confuso.

É vazio.

Não que propósito empresarial seja uma coisa nova, mas não se pensava tanto nele como hoje em dia. E o professor Nicholas tem uma boa explicação para isso.

Há algumas décadas, um grupo de pessoas passaria a vida vendendo sabão se tivessem um bom salário, um bom plano de saúde e, no final de tudo, ganhassem um relógio bonito.

Acontece que as pessoas entraram em um período de refletir o sentido de suas próprias existências.

– Sabão? É isso mesmo? Será que eu quero ser o cara que dedicou a vida para vender sabão?! Mesmo que seja em pó! Mesmo que seja perfumado! Mesmo que remova as manchas mais difíceis! É isso que eu vou contar para meus netos?

O professor argumenta que, no fundo, as empresas começaram a pensar em uma *Razão Maior para Vender Sabão* porque seus funcionários começaram a forçar esse processo!

...

Os funcionários começaram a forçar?!

Achou essa ideia um pouco demais?

Então vamos fazer uma viagem no tempo.

Algum dia, quando criança, você visitou um adulto no trabalho?

Como era o ambiente? Alguns memorandos no mural, pessoas indo para o refeitório... Mesas sem computadores! Com sorte, um único PC ligado no DOS.

Se, naquele momento, você perguntasse para aquelas pessoas quantas delas se identificavam (ou lutavam) por alguma *causa*, quantos diriam que sim?

Dois?

Um

Nenhum?

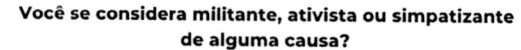
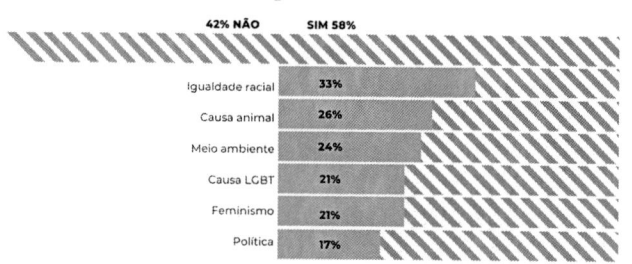

Você se considera militante, ativista ou simpatizante de alguma causa?

42% NÃO   SIM 58%

Igualdade racial	33%
Causa animal	26%
Meio ambiente	24%
Causa LGBT	21%
Feminismo	21%
Política	17%

Mais da metade da geração Z se identifica com alguma causa.

Na imagem acima estamos chamando a geração de CTRL Z, e não de Geração Z, foi exatamente o que a Consumoteca perguntou para 3.000 jovens, entre 17 e 21 anos, de todas as classes sociais em todos os estados do Brasil.

Mas o número mais chamativo veio quando listaram o que os entrevistados consideravam "fundamental" ou "muito importante" para definir como se expressam para o mundo.

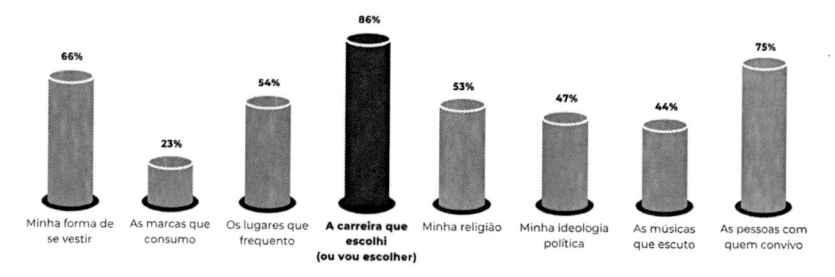

De acordo com os entrevistados, os itens abaixo são "fundamentais" ou "muito importantes" na maneira como se expressam para o mundo

Minha forma de se vestir	As marcas que consumo	Os lugares que frequento	A carreira que escolhi (ou vou escolher)	Minha religião	Minha ideologia política	As músicas que escuto	As pessoas com quem convivo
66%	23%	54%	86%	53%	47%	44%	75%

Fonte: Consumoteca

Nem a roupa, nem Deus, nem as pessoas que você ama! O importante para te definir, para eles, é o cargo que vão imprimir em seu crachá.

Diferente de qualquer outra época, a sociedade vê no que produz o sentido na própria vida.

Estamos vivendo uma curva simples, mas definitiva. Vamos resumí-la em três parágrafos.

1º - A Pesquisa da Deloitte mostrou que, pela primeira vez, 65% dos presidentes se mostraram preocupados em criar empresas que realmente ajudem a sociedade.

2º - Pesquisa da EY, com 2000 líderes, de 42 países, mostrou que 44% querem trabalhar em empresas que tenham propósito.

3º - De 2004 até hoje, a expressão Propósito está sendo 5x mais procurada no Google. Estamos falando de um número *mundial*!

Propósito... dá dinheiro?

John Kotter e James Heskett, professores eméritos de Harvard, enfrentaram essa pergunta. Compararam o crescimento de 200 empresas durante 10 anos.

A régua de recorte foi uma só!

De um lado: empresas que planejam e endossam uma cultura corporativa.

Do outro lado: empresas que... Não.

Para não deixar nenhuma dúvida, eles usaram três métricas! Fique à vontade para escolher qual delas mais te convém.

	Com Culturas que melhoram o desempenho	Sem Culturas que melhoram o desempenho
Crescimento da receita	682%	166%
Crescimento do Preço das Ações	901%	74%
Crescimento do Lucro Líquido	756%	1%

Fonte: John Kotter and James Heskett, professores eméritos de Harvard

Mas, caso nenhuma das métricas anteriores tenha sido suficiente, não tem problema.

Segue um painel de dados extraído de pesquisas da McKinsey e da EY.

Empresas que tem o propósito claro...

Fonte: McKinsey, EY e Centro Rush da Doença Alzheimer

Ok.

Deu, né?

Pode pegar uma caneta e, literalmente, rabiscar a frase escrita abaixo!

Propósito é mimimi.

Dinheiro x Felicidade

Vamos imaginar que existisse internet em pleno Renascentismo.

O que estaria Leo_20 postando no YouTube?

Certamente, ganhando muitos *likes* com um vídeo do Homem Vitruviano e milhares de comentários de gente discutindo se a Monalisa estava sorrindo ou não.

Os *Trend Topics* do Twitter seriam #serhumano e #greciarules. Afinal, eram os temas da época.

E se fosse no Romantismo?

Goya seria mencionado nos grupos de pais do Facebook. "Cuidado! Seus filhos podem estar vendo isso!".

Iracema, de José de Alencar? Seria um *podcast*.

Os *Trend Topics* do Twitter seriam #lirico e #éimpossívelmaséamor.

Mas e *agora*?

Quais os *nossos* temas?

O que define nossa geração?

Bom, vamos lá...

"Menos coisas, mais felicidade", "O preço da felicidade", "Sete regras para fazer mais felicidade", "Os hábitos da felicidade", "Como comprar felicidade", "O segredo da felicidade", "A ciência da felicidade" e, finalmente, a nossa favorita: "Escolha felicidade e molho de espaguete".

Esses são só alguns das *centenas* de *Teds* que falam sobre positivismo.

Em nenhuma outra época se *pôde* tanto! – "Yes, you can!". Jamais foi tão fácil se levantar e fazer – "Just do it!".

O positivismo tem impactos inesperados. Por exemplo, muda quanto uma empresa consegue, ou não, segurar suas equipes.

A Deloitte (só para constar, a instituição é a mesma, mas a pesquisa é outra!) questionou duas gerações sobre por que eles abandonariam sua companhia.

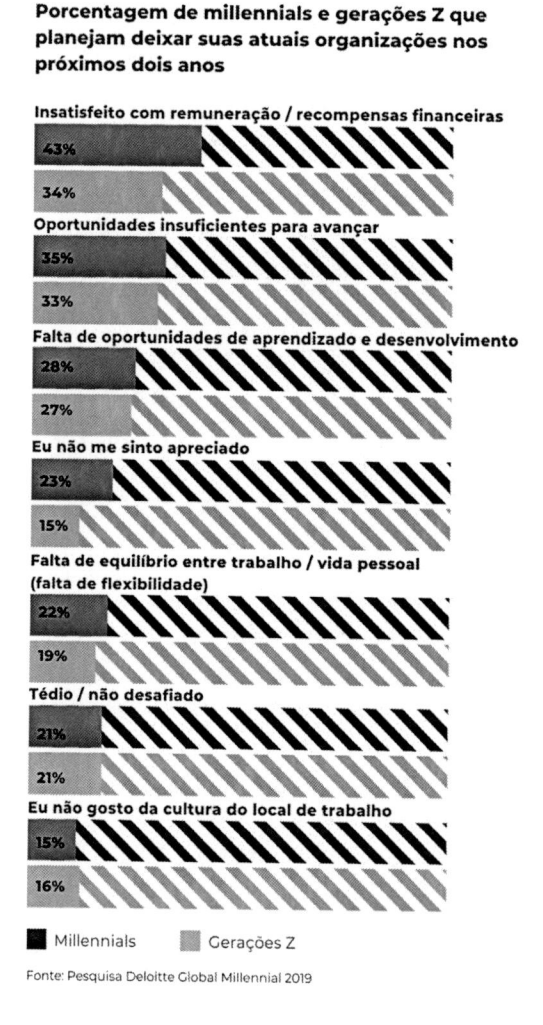

Porcentagem de millennials e gerações Z que planejam deixar suas atuais organizações nos próximos dois anos

Insatisfeito com remuneração / recompensas financeiras
43%
34%

Oportunidades insuficientes para avançar
35%
33%

Falta de oportunidades de aprendizado e desenvolvimento
28%
27%

Eu não me sinto apreciado
23%
15%

Falta de equilíbrio entre trabalho / vida pessoal (falta de flexibilidade)
22%
19%

Tédio / não desafiado
21%
21%

Eu não gosto da cultura do local de trabalho
15%
16%

■ Millennials   Gerações Z

Fonte: Pesquisa Deloitte Global Millennial 2019

Como pode ver, a balança está começando a entortar.

A *Perspectiva* – esperança de felicidade futura – está ocupando espaço da *Segurança* – garantia da felicidade presente.

...

Entendemos que propósito traz felicidade.

Entendemos que propósito traz resultado.

Entendemos que propósito é fundamental para se conseguir uma equipe engajada.

Tudo isso é muito bonito!

Mas, nesse contexto, como vai o Brasil?!

Adivinha?

Abaixo da média.

**Motivação em relação ao trabalho
(escala de zero a 10)**

A pesquisa foi realizada em 100 países.

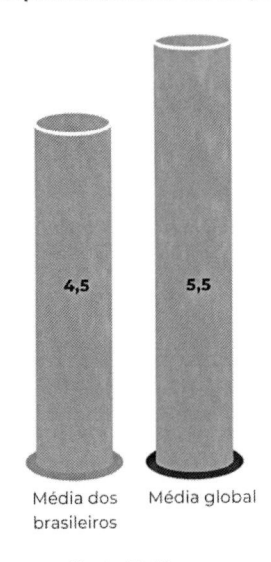

Média dos brasileiros — 4,5
Média global — 5,5

Fonte: McKinsey

Este capítulo é sobre a chave que pode transformar essa realidade.

Vamos supor que você tenha uma hamburgueria.

Você quer impressionar a clientela.

Então, investe em uma carne super especial, advinda de um boi argentino criado e alimentado, rigorosamente, com ração orgânica.

Mas o que adianta? Se o seu funcionário ficou vendo meme no celular e deixou o hambúrguer queimar?

Pessoas motivadas são fundamentais em qualquer negócio. E existem dezenas de frases de efeito que tentam explicar como fazer isso.

Mas Richard Hackman, professor de Psicologia, em Harvard, descobriu que a motivação tem ingredientes simples.

O funcionário precisa:

1º - Saber os Impactos Diretos

Se você fizer certo, tudo vai ficar bem. Se você não fizer certo, haverá consequências!

2º - Saber o Significado Maior

Nunca é só sobre dinheiro! Não é só um hambúrguer, é o jantar especial de aniversário de alguém.

...

Algumas vezes, os colaboradores não entendem o plano geral da empresa porque... não existe um plano geral da empresa!

A coisa vai se resolvendo do jeito que dá.

Mas mesmo que exista uma estratégia e um propósito bem definidos, isso não vai adiantar *nada* se... as pessoas não ficarem sabendo!

Geralmente, é aqui que a porca torce o rabo.

...

O Relatório Mundial sobre *Felicidade*, da pesquisa global da Gallup, em mais 150 países, deixou claro: os funcionários com cargos mais "afastados" são mais infelizes em todas as regiões do mundo.

Qualquer plano bonito que não envolva essas pessoas continuará sendo só um plano bonito.

O problema é que, normalmente, elas, mais distantes do epicentro hierárquico, são as que menos entendem para que a empresa serve!

Por ironia, são justamente elas que normalmente estão mais perto dos clientes.

Não adianta mandar um e-mail. Não adianta pintar uma parede. O maior e mais verdadeiro canal de integração entre os colaboradores são os líderes.

Não importa quanto o CEO veja um significado bacana em seu trabalho se os outros líderes continuarem dizendo: "Não interessa por quê! Só me entregue esses gráficos antes das seis!".

O líder, antes de tudo, é um conector

Se, como líderes, não tivermos a habilidade da *Comunicação*, não vai adiantar ter Flexibilidade nem Sensibilidade.

No finalzinho da conversa, o senhor Itamar Serpa respirou e resumiu:

- Sabe... Liderança, para mim, significa conectar. Criar relacionamento. Estabelecer uma linguagem acessível! Qualquer profissional, para vencer, tem que vender alguma coisa. E o líder vende o quê? Vende conexão e harmonia.

15

Comunicação -Lição nº1

PARE DE GUARDAR PARA SI

Renan Dal Zotto é um dos maiores técnicos esportivos do país, campeão Sul-Americano liderando a Seleção Brasileira, eleito para o Hall da Fama do Voleibol em 2015.

É sempre assim, né? Quando a gente conhece só o lado bom das histórias parece que tudo foi fácil. É como ver a vida dos outros no Instagram.

Mas, como Renan explica, o caminho foi cheio de dificuldade.

– Um dos principais problemas que tive foi desenvolver minha habilidade de comunicação. Saber jogar e saber falar são coisas diferentes. Eu não conseguia falar em público! Fugia das entrevistas! Uma vez me chamaram para fazer gravações para o Rock'n Rio. Tinha toda a estrutura, câmera, direção... tudo pago. E eu não consegui. Me senti super mal, fui embora sem fazer. Mas meu sonho era ser treinador, tinha que vencer essa barreira. Acho que eu aprendi muito sobre comunicação com meu filho, Gianluca, quando ele tinha dois anos. Foi diagnosticado com leucemia. Ficou quase carequinha. Daí pensei... Como é que eu vou falar pra ele que somos um time?! Raspei minha cabeça igual à dele! Foi bem emocionante! Hoje ele já é rapaz, de 25 anos, saiu daquela batalha. E agora hoje eu sei que comunicar é mostrar o que a gente sente.

...

O arquétipo feminino é sempre associado ao talento natural para Comunicação. Talvez, inclusive, você já tenha escutado a informação de que mulheres falam 20.000 palavras por dia, enquanto os homens dizem apenas 7.000.

Este é um dado amplamente divulgado em fontes absolutamente confiáveis, como... Facebook!

De onde veio essa ideia?

Estava na contracapa do livro *The female brain*, de Louann Brizendine, publicado em 2006. Anos depois, quando questionaram aquele número, ele não soube explicar muito bem e prometeu que tiraria do livro nas futuras edições.

De qualquer forma, é interessante a confusão que existe entre "falar bem" e "falar muito"!

A boa Comunicação não é medida pela quantidade de informações que você coloca para fora. Qualquer um que já viu uma apresentação com mais 80 slides sabe bem do que estamos falando.

A boa Comunicação, na verdade, acontece por caminhos muito mais delicados. Um deles é a expressividade.

Para medir isso, os pesquisadores Daniel McDuff (que hoje é pesquisador da Microsoft) reuniu seus colegas Evan Kodra, Rana el Kaliouby e Marianne LaFrance.

Juntos, resolveram fazer uma análise de larga escala, para medir as diferenças das expressões faciais entre os sexos.

A pesquisa ganhou o seguinte nome:

Análise de larga escala para medir as diferenças das expressões faciais entre os sexos.

Ficou bem didático.

Funcionou assim:

Eles gravaram as reações no rosto de mais de 2.000 homens e mulheres assistindo a anúncios em suas próprias casas! Depois, uma tecnologia de leitura facial foi utilizada para parametrizar as reações e transformar tudo em dados.

A máquina mapeou, principalmente, cinco padrões.

Agora, veja o gráfico diferenciando as reações dos homens e das mulheres.

Spoiler Alert!

Quando você focar na Coluna nº 4, naturalmente vai pensar: "HUMMM!"".

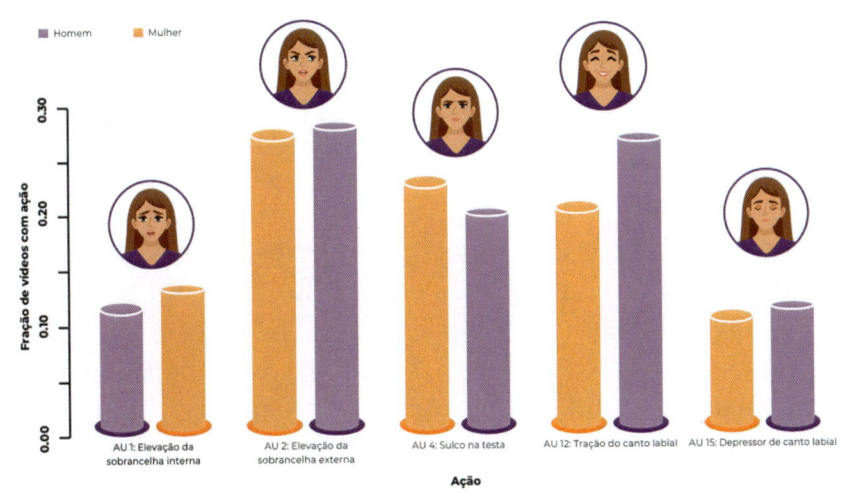

Fonte: Pesquisa "Análise de Larga Escala para Medir as Diferenças das Expressões Faciais entre os Sexos" dos pesquisadores Daniel McDuff Evan Kodra, Rana el Kaliouby e Marianne LaFrance.

Sim, tudo indica que elas sorriem mais.

...

Mas a grande pergunta não é se elas sorriem mais.

A grande pergunta é *por que* elas sorriem mais.

A hipótese dos cientistas é que o índice de sorriso das mulheres está diretamente ligado a "quanto esse comportamento é esperado de cada uma delas".

Ou seja, estamos falando de um papel social.

Papel social. O que é isso?

Há duas respostas para essa pergunta.
A certa e a errada.

1º - Errada (mas mais falada)

Fazer um personagem, simular um sentimento.

2º - Certa (mas pouco falada)

Usar suas características e sentimentos reais para alcançar quem está ao seu redor.

Se as mulheres sorriem mais não é "de nascença" e, sim, porque perceberam – ainda que inconscientemente – que em seus papéis sociais o sorriso fazia diferença.

Portanto o líder do futuro não é aquele que guarda suas emoções para parecer durão, é aquele que expressa suas emoções.

A matéria-prima da liderança

Dentre todos os líderes com quem conversamos, havia um para o qual estávamos particularmente ansiosas. Bernardinho, técnico de vôlei, que levou nosso time para o pódio olímpico.

Queríamos saber como ele monta aqueles discursos emocionados para motivar o time! Quais eram, no final das contas, as palavras mágicas!

– Não tem palavra mágica nenhuma – ele falou.

– Acho que a paixão pelo que faço e a energia que eu coloco no processo é o que mais conta. Não é o que dizemos, mas o que sentimos e como colocamos isso para fora.

Annalisa Blando, fundadora e CEO da parMais, também deu o ponto de vista dela para nós.

– Em uma empresa grande, os líderes têm a função de disseminar o propósito. Senão fica só na cabeça do fundador, então não existe. Mas, para isso, não basta repetir a frase que o marketing criou. O líder precisa ter o propósito!

A matéria-prima da liderança são os sentimentos reais. Comunicar é sentir para fora.

O bom líder deve mostrar sua felicidade e sua empolgação, pois eles vão contaminar e mover a equipe, muito mais do que as cobranças ou os memorandos.

Chega de segurar sorrisos no cantinho da boca porque "não vai pegar bem". Expor sua felicidade é uma força.

Seja, em horário comercial, aquela pessoa *real* que você guardou para o churrasco de domingo.

16

Comunicação –Lição nº2

PREOCUPE-SE COM A ESTÉTICA

Vamos supor que você, como líder, queira ser considerado *justo*!

Então talvez você queira saber que o *Journal of Personality and Social Psychology* publicou uma pesquisa do psicólogo Kees van den Bos sobre um aspecto muito particular do assunto.

A pesquisa foi feita durante um processo seletivo para uma oportunidade profissional. No final do teste, as pessoas eram chamadas para receber a boa/má notícia.

Em alguns casos, primeiro eram explicados os critérios de seleção e, *depois*, o resultado final.

Mais ou menos assim:

– *Nós usamos três parâmetros: A, B e C. Você não passou.*

Nos outros casos, primeiro contavam o resultado! E, no final, explicavam como tinham feito para chegar lá.

Na prática:

– *Você não passou. Nós utilizamos três parâmetros: A, B e C.*

O pessoal do primeiro grupo, independentemente de ter passado ou não, achou a coisa mais... justa!

É sério.

As pessoas do segundo grupo se sentiram mais lesadas só porque receberam a conclusão antes.

Não dissemos que era um aspecto muito particular?

Mas não se preocupe.

Não há nada tão complicado que não possa piorar.

...

Marie Dasborough, professora da Universidade de Miami, analisou a reação emocional das pessoas quando recebiam um feedback.

Mas tinha uma pegadinha.

Os feedbacks positivos eram dados com um tom ruim. Ou seja, o analista dizia que estava tudo bem, mas falava isso com voz de velório.

Já os feedbacks negativos eram dados com um sorriso no rosto. O analista, todo contente, descascava o trabalho da pessoa! – sempre tomando o cuidado de chamar isso de oportunidade ;).

Conclusão?

No final, quem recebeu o feedback *negativo* estava *mais feliz* do que quem recebeu o feedback positivo!

...

Sim, a ordem que você fala faz diferença.

Sim, o tom com que você fala faz diferença.

A estética da sua Comunicação precisa ser sempre aprimorada, pois impacta tanto quanto o conteúdo.

Ser compreendido é ser respeitado.

17

Comunicação –Lição nº3

COMUNICAÇÃO É MENOS SOBRE FALAR, E MAIS SOBRE OUVIR

A Joy Street é uma empresa que usa gamificação para desenvolver a aprendizagem. O sistema é utilizado com 200 mil alunos e já recebeu os prêmios Games for Change – Latin America e o Seal of Excellence, da European Commission.

Mas nada disso chama mais atenção do que o nome do cargo que o Luciano Meira tem na empresa.

Ele é o CSI.

– É estranho, né? Mas, no nosso caso, a sigla significa Chief of Science and Innovation.

Ou seja, é justamente o cara responsável por descobrir novas formas de fazer as pessoas aprenderem.

Então, quando o entrevistamos, perguntamos:

– E você, Luciano? Aprende como?

– Sou rápido para certas atividades, mas bem devagar para outras. Acho que a minha lerdeza nas relações é uma vantagem, pois vira paciência para a escuta. Eu tenho um chute de que a paciência das mulheres venha justamente da luta contra o machismo. Porque são décadas nessa briga, uma conquista por vez. A Elza Soares tem um disco chamado *Deus é Mulher*. Aí, perguntaram para ela: "Elza, Deus é mulher, mesmo?!". Ela respondeu: "Claro! Se fosse homem já tinha acabado com tudo isso aqui há muito tempo. Só mulher tem essa paciência".

Qual foi a última vez que você, como líder, realmente escutou sua equipe?

Calma!

Segura!

Não responde!

Primeiro, vamos explicar o que *escutar* significa.

- Não chegar com a ideia pronta.

- Perguntar a opção que cada um prefere sem intenção de convencê-los.

- Considerar – de verdade – mudar seus próprios planos e opiniões.

- Entrar em uma reunião sem certeza de como ela vai terminar.

- Simplesmente reservar um espaço (físico e temporal) para saber como a pessoa está se sentindo.

As pessoas não são baldes.

Não basta o líder compreender o propósito da empresa e viver isso de maneira empolgada.

É preciso ter certeza de que essa ideia ecoa dentro da outra pessoa. Se não for o caso, ela está perdendo o tempo dela e o dinheiro de alguém ali.

Neivia Justa é especialista em diversidade e inclusão, com quase 30 anos de experiência em empresas como Natura, GE, Goodyear e J&J. Graças ao seu trabalho se tornou vencedora do Prêmio Aberje e do Troféu Mulher Imprensa.

Em nossa conversa, ela falou bastante sobre a questão da individualidade. Afinal, qualquer coletivo é feito da soma delas, não é?!

– Todas as pessoas têm características socialmente percebidas como masculinas e femininas. Mas liderar não é separar em caixas. É contratar a pessoa pelo talento e voz única que ela tem. E dar condições para ela desenvolver esse talento e essa voz ao máximo, sendo feliz no seu trabalho.

É importante contratar pela cultura e, sem meias palavras, demitir pela cultura.

Atendemos uma cliente, certa vez, que nos contou que trocaram 70% dos funcionários da empresa por conta de uma reformulação de propósito.

Marcio Fernandes deu um bom nome para isso: respeito.

"A gente precisa entender que respeitar uma pessoa não é só falar baixo com ela. Isso é não cometer assédio moral. Respeito vai muito além. Respeitamos as pessoas, por exemplo, quando não fazemos julgamento em relação às escolhas que ela faz, sejam opções pessoais ou de carreira.

Digamos que a empresa tem o propósito de ser a maior do Brasil, com a maior rentabilidade, com o melhor serviço ao cliente. Esse é o propósito de uma empresa. Aí você pega a pessoa e vê qual é o propósito de vida dela. E você tem que conversar com pessoa por pessoa para saber. Você vai mapear isso, registrar e fazer com que os propósitos de empresa e das pessoas sejam convergentes.

Eu já tive uma discussão com o diretor de uma empresa do setor financeiro. Ele disse que criava propósito para as pessoas: atender bem o cliente, respeitar o fornecedor... Cara, isso não é propósito para a pessoa. Isso é o que a pessoa vai fazer porque você está pagando".

RESUMO!

1º | Comunicar é sentir para fora.

Sua energia e sua empolgação no dia a dia comunicam mais do que aquelas reuniões de três horas. Não esconda seus sentimentos, utilize-os para atrair o time.

2º | Valorize a estética da comunicação.

O tom das suas palavras (e até a ordem delas!) causam tanto impacto quanto o conteúdo. Storytelling não é firula.

3º | Quer comunicar? Abra os ouvidos.

Quer ser um líder conector? Que alinha o propósito geral a cada um do time? Então você precisa criar espaços para descobrir quem são - e o que sentem! - aquelas pessoas.

A Comunicação é uma das características do **Código Feminino da Liderança**. Seguindo essas três lições você poderá incorporar essa marca ao seu rol de habilidades.

#BONUSTRACK

Você já deve estar familiarizado com o conceito do Ikigai, utilizado para a pessoa compreender se seus objetivos de vida conversam com seu trabalho.

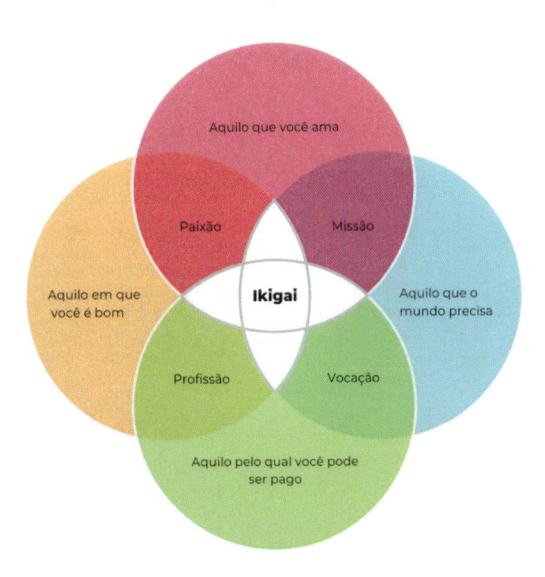

Fonte: Marc Winn, 2014

Mas, talvez, você não esteja familiarizado com a aplicação técnica que alguns (bons!) líderes estão fazendo, sugerindo que suas equipes preencham o Ikigai e conversando com elas sobre o resultado.

É uma forma de criar um diálogo coerente sobre o objetivo de cada colaborador para saber se o propósito da empresa faz sentido na vida deles.

18

CONFIANÇA

Em determinado momento da vida, Herb Kelleher foi nomeado CEO do Ano nos Estados Unidos.

Ironicamente, talvez esse não tenha sido o dia mais incrível da sua vida profissional.

Vamos conhecer a história de qual foi, agora.

...

Herb tinha uma rotina bem regrada. Nasceu em 1931, portanto, viveu a época das "rédeas curtas".

Assim sendo, logo que chegou ao escritório, sentou-se para ler os jornais. Afinal, seu negócio (uma companhia aérea) dependia diretamente de quais besteiras o governo andava fazendo por aí.

Abriu o *USA Today* e achou um anúncio da Southwest Airlines. Ficou bem surpreso, porque o CEO da Southwest Airlines... Era ele!

E não tinha autorizado campanha nenhuma.

Começou a ler o texto:

Obrigado, Herb.
Por lembrar de todos os nossos nomes.
Por apoiar a Casa Ronald McDonald.
Por ajudar a carregar bagagens no Dia de Ação de Graças.
Por dar um beijo em todos nós (e "nós" significa todo mundo).
Por nos ouvir.
Por administrar a única grande companhia aérea lucrativa.

Para cantar em nossa festa de fim de ano.
E por cantar apenas uma vez por ano.
Por nos deixar usar shorts e tênis para trabalhar.
Por montar sua Harley Davidson na sede da Southwest e...
Por ser um amigo, não apenas um chefe.
Feliz Dia dos Chefes
de cada um de seus 16.000 funcionários!

...

Você gostaria de conseguir um engajamento assim da sua equipe?

Então, vamos dar uma pista do que Herb fez para conseguir. E a pista virá nas palavras dele:

"Você não pode simplesmente liderar pelos números. Em muitas empresas, quando você entra no escritório, coloca uma máscara. Você parece diferente, fala diferente, age diferente – e é por isso que a maioria encontros de negócios são, na melhor das hipóteses, sem graça e impessoais.

Mas tentamos não contratar pessoas que não têm humor, que são egocêntricos ou complacentes. Queremos as pessoas, não seus clones corporativos".

O que é essa conexão mágica?

De todos os estudos já realizados sobre o desenvolvimento humano, talvez este seja o mais surpreendente.

Isso pelo fato de que a pesquisa terminou em 2014. Mas começou em... 1939!

Sim, é o estudo mais longo já realizado.

Foram 75 anos de pesquisa!

O único que analisou a vida acompanhando... A vida.

No meio do caminho, alguns diretores se aposentaram ou morreram! Quem "entregou" o resultado final foi Robert Waldinger, psiquiatra e professor da Harvard Medical School.

No início do século passado, 724 garotos foram selecionados. Deles, 268 eram graduados da universidade e 456 eram de camadas sociais desfavorecidas.

Com o tempo, esses meninos se tornaram motoristas, executivos, gerentes, operários, senadores e até um presidente dos Estados Unidos (um rapazote chamado John F. Kennedy).

A cada dois anos, todos os homens recebiam um questionário para responder. Além disso, enviavam resultados de exames médicos. Em muitos casos, entrevistas pessoais eram realizadas.

Os assuntos eram os mais variados! Se estavam estressados com alguma coisa, como iam os filhos, se a mulher estava feliz, se gostavam do pessoal da firma, curtindo ou não a aposentadoria...

Alguns resultados interessantes:

– Não há diferença significativa na renda média dos homens com QI entre 110 a 115 e dos homens com QI acima de 150.

– Quem tinha pontuação maior na medição de "Relacionamentos Afetuosos" ganhava uma média de US$ 141.000 a mais por ano (entre 55 e 60 anos).

– Homens com relações de infância positivas com suas mães ganhavam uma média de US$ 87.000 a mais por ano do que os com "mães indiferentes".

– Homens que tiveram maus relacionamentos de infância com suas mães tinham maior porcentagem de chance de desenvolver demência quando velhos.

No capítulo anterior, nós falamos da importância da comunicação, pois o líder, antes de tudo, é um conector.

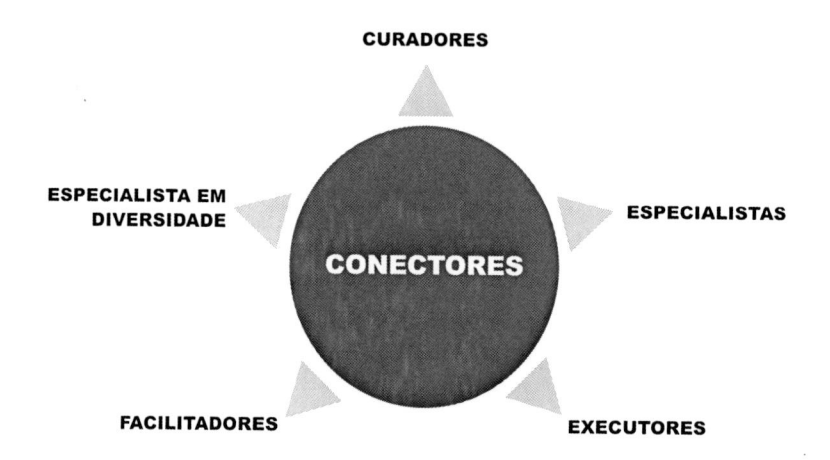

Mas existe algo mais profundo.

Uma habilidade mais densa, mais complicada.

Que só é alcançável depois que todos os canais de comunicação já foram criados.

A habilidade que torna o líder mais forte respeitado. Que leva, de fato, a carreira para a verdadeira prosperidade!

Ela se chama:

A habilidade de gerar Confiança

Conrado Schlochauer, fundador da Teya e da Afferonos, deu uma das definições mais inusitadas sobre a boa liderança... *A não liderança.*

– Os melhores momentos são quando eu percebo que não sou mais um líder do grupo. Mesmo tendo o cargo. Quando eu viro mais um no time. Quando eu percebo que "não estou líder" é que acho que as coisas funcionam melhor.

Marshall Goldsmith, eleito um dos dez maiores educadores profissionais pelo *Wall Street Journal* e responsável pelo treinamento de 150 executivos da *Forbes*, explica assim:

– Sou um CEO que nunca quis ser um CEO. As pessoas que criam planos de carreira para serem CEOs me soam estranhas.

Nos dois depoimentos falamos de um líder que busca os laços de uma rede e não os degraus de uma pirâmide.

É aí que entra o Código Feminino.

...

O Index of Leadership (criado pelo Institute of Leadership and Management), analisa 5.000 executivos do mercado.

No primeiro ano, as CEOs do sexo feminino tiveram um índice de Confiança, em média, maior do que os CEOs do sexo masculino.

No segundo ano... Também! Mas a disparidade foi ainda maior.

É *claro* que essa habilidade não é exclusiva do sexo feminino. Ela está em todos que estão verdadeiramente preocupados em criar conexões reais!

Porque isso transforma todo nosso ambiente.

Mesmo.

Mesmo

Um bom exemplo está no livro *Reinventing organizations*, do especialista Frederic Laloux.

Ele fala dos cinco estágios diferentes das organizações. Para cada fase, deu um nome e uma cor. Agora conheceremos uma a uma. Mas antes...

Queremos sugerir um exercício!

Vai ser natural, quando você ler cada uma das fases, comparar com as empresas que conhece ou trabalha.

O que queremos te pedir é para ir *além disso*.

Faça comparações com os *líderes* que você conhece!

Tente numerar pessoas que, direta ou indiretamente, representam cada tipo de pensamento.

Quem sabe você não consegue colocar até a si mesmo dentro dessa escala?

Afinal, a empresa em si, nada mais é, do que a soma das escolhas de muitas pessoas.

1º – A Impulsiva Vermelha

São as organizações que têm um "lobo alfa" comandando todo mundo. A quantidade de poder que ele tem é diretamente proporcional à quantidade de medo que ele provoca.

Esse "receio geral de abrir a boca" é o que garante certa... Estabilidade.

2º – A Conformista Âmbar

Depois de muito tempo vivendo no medo, as coisas acabaram caindo no conformismo. A vida é o que é! As coisas são o que são! Não tente mudar, só siga o protocolo.

Organizações neste modelo têm estruturas de poder rígidas e conseguem, portanto, fazer um melhor planejamento em longo prazo.

Nada mal!

Nada bom, também.

3º – Conquistadora Laranja

Quando o status quo já não dá conta dos ímpetos pessoais, as pessoas da organização começam a colocar todas as regras em jogo.

O certo, o errado e o *dress code* entram em debate.

A meritocracia substitui o antigo QI ("quem indica") e as verdadeiras inovações começam a aparecer.

4º – Pluralista Verde

Depois de décadas trabalhando para descobrir novas e melhores formas de fazer, surge uma pergunta mais importante: *por que* estamos fazendo?!

Nessas organizações, os sentimentos das pessoas entram na equação.

Palavras como "harmonia" e "consenso" começam a ser escutadas. Os valores viram coisas individuais e não determinações do RH.

O objetivo final, de certa forma, é fazer com que todos se sintam verdadeiramente valorizados. No meio disso, o lucro vem.

5º – Evolutivo Teal

A palavra "organização" deixa de ter um teor físico ou processual. Passa a ser uma direção! Tomada pelas escolhas de seus membros.

Como se a empresa fosse um organismo vivo!

Hierarquias? Claro que não.

São profissionais auto-orientados por algum (alguns?) propósito. Eles determinam suas formas de trabalho e até seus desafios!

As chaves dessa fase são: informação e compartilhamento.

Conseguiu fazer paralelos?

Com empresas que você conhece?

Com *pessoas* que você conhece?

Agora, a pergunta final: qual a única coisa que realmente *muda* entre uma fase e outra?

Resposta: o índice de Confiança.

Quanto mais confiança um líder cria entre seus colaboradores, mais evoluída aquela relação será.

19

Confiança - Lição nº 1

PARE DE PEDIR "SENTIMENTO DE DONO"

Vamos conhecer a história ficcional – mas nem tanto! –, de Joana da Silva.

Capítulo Um – A Casa

Joana da Silva mora em Rio Grande da Serra. Como o próprio nome diz, fica na serra! Apesar de ser verde e tranquilo, implica em sérios problemas logísticos quando você trabalha no bairro dos Jardins, em São Paulo.

Para ir e voltar, Joana da Silva gasta quatro horas de seu dia esmagada dentro do ônibus 714C-10.

Por semana, perdem-se 24 horas.

Por mês, perdem-se 100 horas.

Por ano, perdem-se 144 dias.

Por vida, perde-se... a vida.

Joana, certa vez, perguntou se ela poderia fazer *home office* uma vez por mês.

Foi mal vista.

Capítulo Dois – O Escopo

Joana da Silva estudou para ser especialista em tarefas administrativas.

Ela tem competência em gestão burocrática. Sabe os caminhos mais rápidos para agilizar o processo.

Joana, certa vez, perguntou se ela poderia sugerir um novo formato que daria menos trabalho para todos.

Foi mal vista.

Capítulo Três – A Carreira

Joana seguiu as ordens direitinho e passou anos protocolando documentos.

Entregava tudo como pediam, dentro do prazo.

Um dia surgiu uma oportunidade na empresa. Ela se empolgou. Mas descobriu, no dia seguinte, que a vaga não seria aberta para concorrentes internos.

Veio um rapaz que tinha MBA em Administração.

Ela também tinha.

Mas ninguém viu.

Seis meses depois...

A produtividade de Joana da Silva caiu e ela acabou sendo demitida.

– Demitiram, é? Por quê?!

– Ah, ela não tinha sentimento de dono!

...

Pedimos *sentimento de dono*, mas continuamos oferecendo *experiência de empregado*, aí as coisas ficam difíceis.

Ok, ninguém está sugerindo que um ambiente de Confiança só existe quando as ações da empresa são divididas entre todos os funcionários.

Porém é preciso, sim, gerar nos colaboradores a sensação de que eles são donos de algo, ou parte de algo!

Mas o que é ser dono?

A palavra vem do latim medieval *dominus*. Você deve ter percebido que também é a tia-avó da palavra domínio.

Ou seja, é importante que o colaborador:

1º - Seja escutado! Veja que seus *domínios* de conhecimento são levados a sério.

2º - Seja respeitado! Tenha autonomia dentro do *domínio* de suas funções.

Quando damos poder e liberdade ao nosso funcionário, demonstramos que ele é bem-vindo por ser quem é.

Pode parecer redundante, mas a primeira lição para criar uma conexão de Confiança é, basicamente, confiar.

20

Confiança - Lição nº 2

CONFIE, TAMBÉM, EM SI MESMO

O índice de melhores empresas para se trabalhar do Great Place to Work é medido, principalmente, pela Confiança que existe entre as pessoas.

Não por acaso, as empresas que estão nessa lista tem um valor de mercado quase 300% superior que suas concorrentes.

Segundo Stephen Covey, autor do livro *A velocidade da confiança*, as escolas que fazem um trabalho focado na Confiança têm probabilidade 3,5 vezes maior de melhorar os resultados dos testes dos alunos.

Mas nada disso fala de *outra* Confiança que também é muito importante!

Quem se lembrou dela foi o Alan.

...

Alan Zelazo trabalha no setor elétrico desde 2001.

No meio do caminho passou por um monte de cadeiras importantes. Por exemplo, de Head Comercial e de Trading do Banco BTG Pactual.

Lá, criou estratégias e montou operações inteiras para transformar a área de energia em uma das principais áreas do banco.

Quando conversamos com ele sobre liderança, surgiu esse assunto importante. Cedo ou tarde isso precisava ser discutido.

– O líder precisa gerar admiração!

As chances de alguém desenvolver respeito por uma pessoa que não respeita a si mesma, ou gerar Confiança por uma pessoa que não confia em si... é, invariavelmente, muito menor.

Como conquistar a Confiança *em si mesmo*?

Seguem três dicas.

1º – Guarde essa confiança de hoje para amanhã!

Um artigo dos cientistas Joris Lammers, David Dubois, Derek D. Rucker e Adam D. Galinskyd, publicado no *Journal of Experimental Social Psychology*, testou uma técnica com candidatos a um emprego.

Antes de mandar a carta pedindo a vaga – ou até antes da entrevista – os sujeitos reservaram uns minutos lembrando momentos em que "mandaram bem".

- "Ah, o dia em que eu entreguei aquele trabalho na faculdade! O professor disse que tinha sido fantástico!".

- "Nossa, quando eu fiz aquele discurso na formatura! Todo mundo começou a chorar!".

- "Eu nunca esqueço quando meu irmão me deu um abraço e falou que eu era uma inspiração pra ele!".

Os resultados mostraram que quem se deu esse espaço para lembrar acabou indo melhor em *todas* as análises, pois estava com a Confiança elevada.

2º – Seja alguém que você mesmo admira

Um estudo publicado pelo Departamento de Negócios, Inovação e Competências do Reino Unido mostrou que estudar outro idioma (ou fazer qualquer coisa que melhore suas habilidades cognitivas) eleva sua satisfação pessoal.

Vale tudo! Piano, bocha, xadrez, russo...

O fato é que você fica mais satisfeito com você mesmo quando nota seu próprio desenvolvimento cognitivo.

3º – Esteja vestido para o sucesso

Sim, literalmente.

Cientistas da Universidade Northwestern, nos Estados Unidos, perceberam que as pessoas "tomam para si" as características que associam com as roupas que estão vestindo.

No teste, os voluntários que usavam jalecos brancos (que associavam com a ideia de inteligência e de proteção) se sentiam mais... inteligentes e protegidos.

Consequentemente? Foram melhores nos testes realizados.

Não é muito diferente de quando você coloca uma roupa para fazer exercícios e já se sente um triatleta olímpico esperando ser descoberto.

21

Confiança - Lição nº 3

CONFIE, TAMBÉM, EM SI MESMO. MAS NÃO TANTO!

Responda esta pergunta!

Um taco e uma bola custam US$ 1,10. O taco custa US$ 1,00 a mais que a bola. *Quanto custa a bola?*

Qual sua resposta?

Se foi "5 centavos", parabéns!

Se foi "10 centavos", leia a seguir com atenção.

Especialistas da Universidade de Waterloo, no Canadá, resolveram estudar o narcisismo.

Fizeram três estudos!

Em todos, checaram como os voluntários se saíam nos Testes de Reflexão Cognitiva. Uma série de perguntas bobinhas, mas que exigem um pouco de reflexão.

Sim, a pergunta lá em cima estava no teste.

No final, os participantes ainda preencheram questionários para registrar quanto estavam confiantes das respostas.

O resultado é que... Quem respondeu rápido por excesso de autoconfiança foi pior em todos os testes.

Aliás, não só isso!

Ainda eram os que mais achavam que estavam certos.

Não é possível criar confiança em alguém que não tem a capacidade refletir sobre visões diversas. Ou, pior, que automatiza suas escolhas.

22

Confiança - Lição nº 4

CRIAR CONFIANÇA NÃO É SER O LÍDER-AMIGÃO!

Mais uma pergunta. Mas desta vez...
É um teste de memória.
Quais são todas as cores da bandeira da Inglaterra?
Todas, ok?
Vamos pular linhas enquanto você se lembra.

.

.

.

Pronto?

.

.

.

Certeza?

.

.

.

Podemos falar?

.

.

E a resposta é...

...

Viu?

Para uma pergunta boba dessas, você já ficou ansioso para saber se tinha acertado!

E agora que está descobrindo que, na verdade, se tratava de um rápido teste psicológico, já está sentindo uma pequena frustração.

É exatamente isso que acontece com os colaboradores, mas em uma escala mais profunda.

Qualquer ser humano tem o desejo de saber se está indo bem ou não! As pessoas podem até negar, mas a verdade é que todos nós gostamos de feedback.

– Mesmo os ruins?

– Mesmo os ruins!

A Zenger Folkman entrevistou cerca de mil profissionais sobre o assunto e, a cada quatro pessoas, três preferiam receber feedbacks negativos por achar que isso era fundamental para seu desenvolvimento.

72% disseram que seu desempenho iria melhorar se tivessem avaliações mais frequentes e mais autênticas dos gerentes, mesmo que isso significasse ter que engolir algumas verdades de vez em quando.

Um estudo bem curioso de Stacey Finkelstein e Ayelet Fishbach (publicado no *Journal of Consumer Research*) olhou para os salões de beleza.

As frequentadoras tendem a preferir – e pagar mais caro! – pelos lugares que falam mal das cores que elas escolheram.

Ok, feedback é bom.

Mas como dar?

Seguem três dicas.

1º - O bom feedback é aquele que você fala pouco.

Meio estranho, não é?

Mas é isso mesmo.

A vontade que dá, no feedback, é sair falando, dando exemplos e provando tudo, por A + B.

No entanto o feedback mais funcional é aquele que escuta. Não de maneira condescendente, como quem está lá para perdoar. Mas, sim, de maneira parceira, como quem está lá para pensar junto.

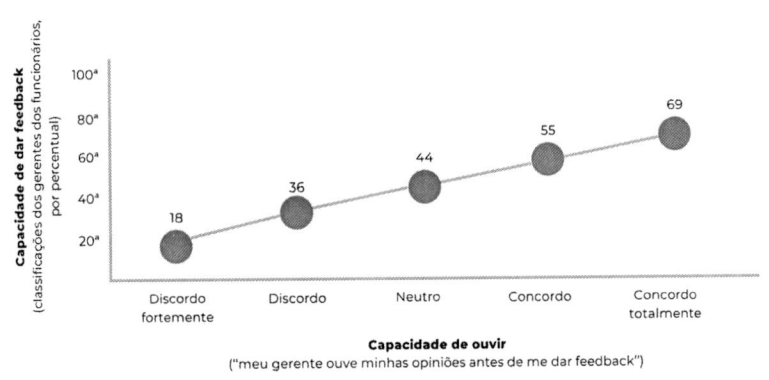

Capacidade de ouvir
("meu gerente ouve minhas opiniões antes de me dar feedback")

Fonte: Harvard Business Review

2º - Aceite. Você não está trazendo novidades.

A pesquisa mencionada, com quase 4.000 pessoas, mostrou que 74% dos entrevistados já sabiam sobre o problema do qual receberam um feedback negativo.

Na maior parte das vezes é assim. Não é que a pessoa esteja "no mundo de Bob". Ela sabe muito bem os problemas que tem, mas precisa de ajuda para descobrir como resolvê-los.

Dar feedbacks é oferecer caminhos.

3º - Seja direto, tangível e específico. O nome é Feedback, não Haikai.

Troque: – Você precisa ser mais atento!

Por: – Seus relatórios costumam vir com mais de três erros matemáticos por aba.

Troque: – A equipe sente você pouco disponível!

Por: – Nos últimos dois meses você negou quase 70% dos chamados.

Troque: – Mais paixão, sabe?!

Por: – Nosso horário é 9h. Você chega regularmente às 10h45.

23

Confiança - Lição nº 5

ABRA ESPAÇO PARA OS ERROS

Ron Ashkenas e Brook Manville viajaram por mais de uma dezena de países entrevistando profissionais para perguntar:

– Quais as competências mais importantes de um líder eficiente?

Foram oferecidas 74 opções e, dessas, cada pessoa podia escolher 15.

Das mais escolhidas, destacamos aqui alguns itens:

- Dar segurança para tentar e para errar.

- Criar um sentimento de acertar e errar juntos.

- Estar aberto para novas ideias e possibilidades.

A neurociência explica isso de maneira prática.

Quando o cérebro registra uma ameaça, as artérias endurecem e engrossam para lidar com um aumento do fluxo sanguíneo em nosso corpo.

Nesse estado, duas portas são "fechadas".

Primeira: a porta do sistema de engajamento social do cérebro límbico. Ou seja, a *criatividade* vai embora.

Segunda: a porta da função executiva do córtex pré-frontal. Portanto tchau-tchau para a *excelência*.

Conclusão inevitável?

Quem opera com medo até opera. Mas sem qualidade. Precisamos aceitar os erros como parte do trabalho e do desenvolvimento.

Como nos contou Annalisa Blando:

– Uma vez, uma liderada minha, em uma dinâmica em um evento, tinha que completar a frase: "Eu gosto de você quando...". Daí, ela me disse: "Eu gosto de você quando... Você acredita mais em mim do que eu mesma!".

RESUMO!

1º | Não peça sentimento de dono.

Gere esse sentimento, oferecendo autonomia para a pessoa dentro da sua área de atuação. Confie!

2º | Confie em si mesmo.

Use as técnicas para desenvolver autoconfiança. Isso trará para você a autenticidade que você precisa para criar conexões reais.

3º | Mas não tanto!

Desconfie de suas próprias respostas. É a única forma de encontrar jeitos novos e pessoas incríveis.

4º | Não fuja dos feedbacks.

As pessoas querem saber como estão indo. Seja honesto e parceiro.

5º | Coloque os erros na equação.

O mesmo erro não pode se repetir dezenas de vezes, mas novos erros, na verdade, são o caminho para novas descobertas.

A Confiança é uma das características do **Código Feminino da Liderança**. Seguindo essas cinco lições você poderá incorporar essa marca ao seu rol de habilidades.

#BONUSTRACK

Sem um vínculo de Confiança, só sobra o vínculo empregatício. Se não podemos contar com nosso chefe, como ele pode contar com a gente?

Hora de dar um feedback para você mesmo!

O ideal é que um líder passe 80% do seu tempo com a equipe e 20% com os trabalhos burocráticos.

Então, vá até o Outlook (ou qualquer agenda que você use) e faça uma análise como a do quadro abaixo! Vamos descobrir quanto do seu tempo está sendo investido em liderança?

Quanto mais horas você se dedica a se conectar com sua equipe... Mais líder você é.

Quantos % do seu dia você dedica a cada coisa?

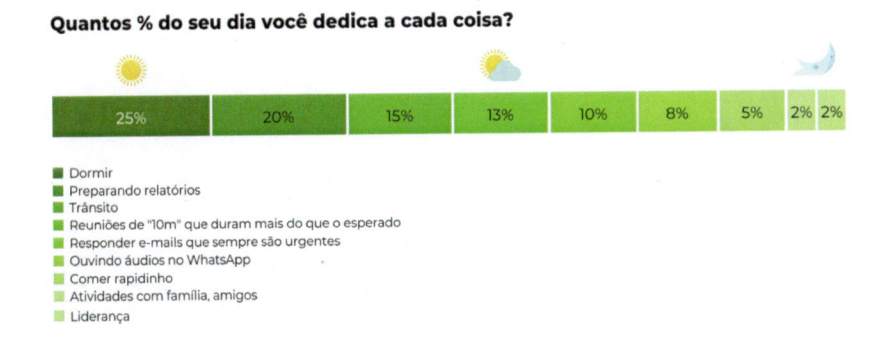

| 25% | 20% | 15% | 13% | 10% | 8% | 5% | 2% | 2% |

- Dormir
- Preparando relatórios
- Trânsito
- Reuniões de "10m" que duram mais do que o esperado
- Responder e-mails que sempre são urgentes
- Ouvindo áudios no WhatsApp
- Comer rapidinho
- Atividades com família, amigos
- Liderança

24

INTUIÇÃO

Talvez você ache que Morgan Robertson não foi muito criativo quando escreveu o livro *Futility ot the wreck of the Titan*.

Para começar, a história fala de um grande navio que se choca com um iceberg.

Por alguma razão, o autor decidiu que isso deveria acontecer no mês de abril.

Mais do que isso, o acidente ocorre no norte do Atlântico.

O nome do capitão: Smith.

No final, parte dos passageiros morre porque o navio não tinha o número correto de botes salva-vidas.

Qual a parte interessante?

O naufrágio do Titanic aconteceu em 1912.

O livro foi publicado em 1898.

Ser um *early adopter* de um navio gigantesco era algo assustador. Muita gente sonhava com o pior. O milionário J. P. Morgan até cancelou suas passagens, com medo.

Mas... Escrever uma história tão detalhada assim? 14 anos antes do acidente?

...

Existe no Reino Unido - pasme! - um Centro de Registro de Premonições Psíquicas. Certa vez, eles receberam a mensagem de um rapaz chamado Zak.

"In the last week I've been having a very vivid premonition of a plane – looks like a commercial, passenger aircraft – crashing into a skyscraper and exploding into flames. I think it's in the US".

A mensagem está registrada no endereço: http://www.ukpsychics.com/prem2.html

Foi enviada dia 5 de setembro de 2001.

...

O cinegrafista improvisado era amigo da família. Ele chamou Júlio Rasec e pediu que falasse alguma coisa para a câmera. Afinal, não deixava de ser uma despedida. Júlio está indo para Portugal.

O rapaz, no entanto, estava em um clima bem diferente. Mais sério, sisudo.

– Esta noite eu sonhei com um negócio assim... Parecia que o avião caía...

O vídeo foi feito no dia 2 de março de 1996, doze horas antes do Learjet bater na Serra da Cantareira, ao norte de São Paulo.

Júlio era tecladista do Mamonas Assassinas.

...

Não.

Este livro não está dizendo que existem energias superiores que carregam informações sobre o futuro (nem está dizendo que não existem. Deixamos isso para outros livros debaterem).

Afinal, a matemática nos ensina!

Se a chance de uma pessoa sonhar com uma queda de um avião for de uma em um milhão, somos quase sete bilhões na Terra. Nisso, cabem várias "clarividências" que entram na conta da estatística.

Mas muito antes de qualquer fenômeno sobrenatural, existe um fenômeno extremamente natural!

Um fenômeno que compõe o Código Feminino e, também, a boa liderança.

Chama-se Intuição.

É sério?

Vamos estudar um *case* trazido pelo psicólogo americano Gary Klein, especialista em análise de tomada de decisões.

Uma equipe de bombeiros chegou a uma casa pegando fogo. Junto com o líder, entraram na construção. Para qualquer pessoa seria uma loucura. Para eles, era rotina.

– O foco tá na cozinha! Na cozinha!

Manejaram a mangueira principal. Ela é bem pesada, então alguém foi na ponta dando a direção e os outros seguraram o corpo.

– Tem alguma coisa errada!

Mais água, mais água. Mas o fogo...

– O fogo está aumentando, senhor.

O líder olhou para a situação... E decidiu.

– FORA DAQUI! AGORA! EU QUERO TODO MUNDO FORA DAQUI! JÁ!

Os homens saíram da casa poucos segundos antes do chão "sumir", caindo num porão escondido, já engolido pelo fogo.

Dias depois, com calma, o líder disse que teve um "sexto sentido". Mas, após algumas perguntas, ficou claro que sua "visão" envolveu algumas análises importantes:

A) O fogo não reagiu como esperado.

B) O incêndio estava mais quente do que o padrão de um fogo na cozinha.

C) Era muito fogo para pouco som. Incêndios são barulhentos.

Não são as variáveis mais exatas, mas foram o suficiente para salvar as vidas daquela equipe.

Segundo Gary Klein, oficiais do Exército americano dizem que a intuição está presente em 96% das decisões.

O assunto é tão sério que, em 2014, o Centro de Pesquisas Naval ofereceu US$ 3,8 milhões para financiar pesquisas sobre como funciona o "sexto sentido".

Aconteceu em Iowa.

A universidade estadual fez um experimento para tentar *flagrar* o momento da "premonição".

– Na mesa, diante de você, tem dois maços de cartas. O primeiro é azul. O segundo é vermelho. Cada carta que você vira traz um prêmio ou uma penalidade. Por exemplo: "Perca dois dólares" ou "Ganhe cinco dólares". Você pode virar a carta do maço que quiser, uma por vez.

– Vale alternar entre os maços?

– Sim. Até acabar sua rodada, você pode ir e voltar entre os maços quantas vezes quiser.

Mas, nesta altura do livro, eu espero que você já tenha aprendido a principal pergunta quando conhecemos esse tipo de pesquisa científica.

Onde é que estava a pegadinha?

A verdade é que as cartas vermelhas eram um péssimo negócio. De vez em quando, só para dar uma sensação boa, vinha algum prêmio bacana. Mas elas foram montadas para levar o jogador para o buraco.

Já as azuis, mais humildes, apontavam para o sucesso.

O jogo começou.

Todos os jogadores notaram, cedo ou tarde, que o bom era escolher as azuis e deixar as vermelhas para lá.

O que chamou a atenção foi... *QUANDO!*

A média absoluta dos participantes foi:

Conscientemente, na carta 80.

Inconscientemente, na carta 50.

Muito antes de entender as razões das suas escolhas (30 viradas de carta antes), as pessoas "sentiam" que as azuis eram o melhor negócio.

A intuição vem *antes* da razão.

E velocidade é um diferencial no mundo dos negócios.

A neurobiologia da Intuição

Se uma pessoa ameaçar atirar um bolo no seu rosto é possível que você tente escondê-lo com as mãos. Afinal, nosso cérebro prevê o futuro o tempo todo! Mas damos a isso o nome bonito de "fazer contas".

Ela está brava.

+ Bolo está na mão dela.

+ Houve ameaça verbal.

= Melhor proteger o rosto.

A única diferença é que, na Intuição, essas contas ainda não tiveram tempo suficiente de seu racional perceber. Elas estão rodando no fundo do seu processamento mental. Ou, como diz o prêmio Nobel, Daniel Kahneman, no Sistema 1 do cérebro.

Algumas descobertas científicas sugerem que a intuição é produzida por uma classe de neurônios chamados Fusiformes, por causa do formato.

São elas que levam as informações que fazem você ir ou não com a cara de alguém nos primeiros segundos. Ou se sentir mal em determinado ambiente.

Eles são quatro vezes maiores e com um "braço" mais comprido, que faz as informações serem transmitidas mais rápido.

O Dr. Keiji Tanaka, do Instituto de Ciências do Cérebro Riken, queria saber *onde* ficava a Intuição. Então realizou uma série de ressonâncias magnéticas com grandes jogadores de Shoji.

A primeira pergunta que temos é:

– Mas que é Shoji?!

Um antigo jogo de estratégia muito parecido com o xadrez, com variáveis suficientes para exigir, em determinado momento, que o bom jogador abandone o nível da certeza e entre no nível da Intuição.

Durante as partidas, algumas partes dos cérebros dos competidores se "iluminavam".

Eram sempre o Pré-cúneo, que fica bem no meio dos hemisférios cerebrais, e o Córtex Pré-frontal Ventromedial (tente falar esse nome em voz alta soando natural. É um exercício bem interessante. E inútil).

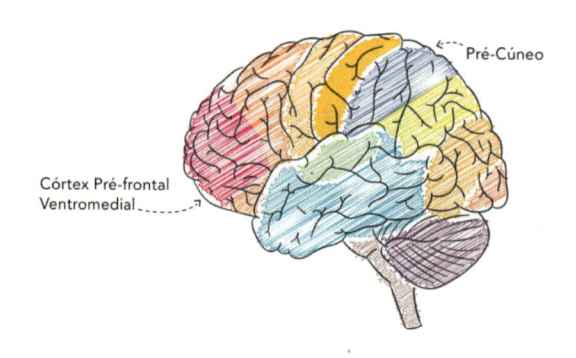

O Pré-cúneo, entre outras tarefas, cuida da nossa memória episódica.

O Córtex Pré-frontal Ventromedia, entre outras tarefas, armazena informações sobre recompensas e perdas.

Conclusão, quando você pensa:

– Hummm... Já vi esse filme antes!

Talvez seja porque já viu mesmo.

Como, certa vez, resumiu Albert Einstein:

"Penso noventa e nove vezes e nada descubro. Deixo de pensar, mergulho em profundo silêncio, e eis que a verdade se me revela".

E a Intuição *feminina*?

Silvan Tomkins, psicólogo de Princeton, mestre no estudo de expressões faciais, realizou dois grandes feitos.

O primeiro é muito legal.

O segundo é mais legal ainda.

1º Feito

Criou um discípulo tão bom que, anos depois, virou inspiração de seriado americano.

Estamos falando de Paul Ekman, o homem que catalogou, uma a uma, por volta de três mil combinações de movimentos musculares do rosto. A mente por trás das histórias de *Lie to Me*.

2º Feito

Enriquecer apostando em cavalos.

Segundo o senhor Silvan, ele sabia se o animal iria ganhar "só de olhar a cara dele".

Verdade? Não sabemos. Mas que ficou rico, ficou.

Qual lição aprendemos aqui?

Ler o rosto é ler a mente.

No capítulo de Sensibilidade falamos sobre as mulheres, atualmente, terem maior abertura à dor alheia. De fato, existem pesquisas que mostram como elas leem as expressões faciais melhores que os homens.

Mais uma vez (e não cansamos de ressaltar), não por razões biológicas, mas, sim, sociais. Enquanto muitos homens foram treinados a "correr sem olhar para os lados", elas foram treinadas a "ver se o menino está mentindo quando diz que não escondeu o secador de cabelos".

É triste, é machista, é o mundo em que vivemos.

Vai passar.

O fato é que essa Sensibilidade alimenta a Intuição.

"Só se vê bem com o coração"

Ele é conhecido pelo mundo médico como T. N.

Um paciente com pouco mais de 50 anos. Sofreu dois derrames severos e, como sequela, ficou completamente cego.

Dr. Alan Pegna, da Universidade de Genebra, levou imagens de diversos rostos com expressões faciais diferentes. O paciente, *sem ver*, reagia emocionalmente a cada uma das imagens!

Diferente de quem sofre uma lesão ocular ou tem cegueira congênita (nessas, o sistema visual se desenvolve de maneira anormal), os olhos do paciente estavam saudáveis. O problema era o cérebro.

Ele tinha tudo que precisava para captar as imagens, menos a máquina do consciente.

Os cientistas já sabem faz tempo que tudo que você vê vai para dois circuitos. Um é o Córtex Visual, justamente a parte que T. N. perdeu; o outro são as áreas Subcorticais, que provavelmente estão conectadas às emoções.

Se as mulheres são mais estimuladas a "buscar respostas nas expressões faciais alheias", naturalmente, elas alimentam o inconsciente com mais informações. Prato cheio para as células da Intuição trabalharem.

Como resumiu a doutora Judith Orloff, da Universidade do Sul da Califórnia e autora do livro *Liberdade emocional*, bestseller pelo *New York Times*:

"A realidade é que as meninas são elogiadas por serem sensíveis, enquanto os meninos são instados a serem mais lineares em seus pensamentos em vez de ouvir seus sentimentos".

25

Intuição - Lição Única

SAIBA QUANDO

O assunto da Intuição se encerra em uma lição única, sem resumo, sem #bonustrack.

Porque a Intuição é inevitável.

Gostando ou não, suas células Fusiformes vão trabalhar e as conexões vão aparecer. Não dá para impedir sua Intuição de *existir*.

A questão é quando você deve – ou não – dar ouvidos ao que ela diz.

Nenhuma resposta direta e simples para essa questão pode ser verdadeira.

Mas, talvez, ajude conhecer o terrível caso de Keith Payne.

O terrível caso de Keith Payne

Psicólogo da Universidade da Carolina do Norte, Payne criou um teste no qual a pessoa via a imagem do rosto de alguém e, na sequência, um objeto. Bem rápido. No tempo de uma piscada de olhos.

A pessoa tinha que dizer o que tinha visto, só isso.

O rosto na foto era de alguém branco ou negro.

O objeto na foto era uma ferramenta ou um revólver.

Adivinha?

Sim.

Muitos participantes, na dúvida, começaram a chutar que o revólver estava ligado ao homem negro.

Foi assim que descobriram que, na mesma máquina em que roda a Intuição, rodam também os preconceitos.

Para não cair no risco de fazer julgamentos errados, Dan Josua, mestre em Psicologia Clínica pela PUC-SP, dá a dica: busque o *Ambiente Generoso*.

É o ambiente onde você pode testar a mesma coisa, várias vezes, recebendo um feedback claro e rápido sobre o que funciona melhor ou não.

Um jogador de futebol treinando chute ao gol, por exemplo. Aos poucos, o treino dele alimenta a Intuição e, na hora do jogo, é "com o coração" que ele vai chutar.

Vamos supor que você esteja para tomar uma decisão importante e tem uma Intuição sobre o tema.

OPÇÃO A

É sobre um assunto que você já treinou em um Ambiente Generoso.

Então vá em frente! Ouça seus sentimentos! Tem boas chances de dar certo!

OPÇÃO B

É sobre um assunto que você conhece pouco, viu pouco e viveu pouco.

Hum...

Melhor levar a dúvida para o banho e pensar mais.

...

A Intuição é última das características do **Código Feminino da Liderança**. E, sabendo o momento de escutá-la, você pode ser um líder mais feminino, com seu novo rol de habilidades.

DA-QUI PRA FRENTE

CONSTRUINDO SUA MARCA PESSOAL

E se você quiser levar essa transformação para além de si mesmo?

Espalhar as habilidades do **Código Feminino** por toda a equipe? Ou por toda a empresa?

Isso se chama Transformação Cultural.

É difícil. Mas existe um jeito de fazer isso.

ESCOLHA A DIREÇÃO, ENTRE NO CARRO

1993.

Bill Clinton estava assumindo como presidente e tentava conter os ânimos agitados pela economia e pelas relações internacionais.

O World Trade Center estava sofrendo um ataque terrorista. Uma bomba na garagem subterrânea abriu um buraco de dezenas de metros. Cortou todos os sistemas e encheu as duas torres de fumaça tóxica.

Naquele mesmo ano, a poucos quarteirões dali, dois analistas de Wall Street conversavam em frente à vendinha, antes de entrar na Bolsa.

– Soube da boa nova?

– Não. Qual é?

– O cigarro vai ficar mais barato.

– Como assim?

– A Philip Morris vai baixar uns 40 centavos.

O outro rapaz congelou.

– 40 centavos?! Dá quase 20%.

– E daí?

– Daí que isso não é uma boa nova.

E correu para o trabalho.

...

A empresa anunciou a redução do preço para tentar brigar com os novos concorrentes. Eles estavam comendo seu *market share* na base do "na minha mão é mais barato".

Os fumantes agradeceram. O mercado não.

O valor da companhia caiu em US$ 10 bilhões em um único dia. Os analistas interpretaram que:

– Se precisam apelar para isso é porque a marca já não vale mais nada.

O que faz uma marca ter valor?

Um logo bonito é importante.

Uma tipografia bonita também.

Uma cor bem marcante (ou várias, no caso do Google) é bem importante.

Mas nada disso é o principal.

Seria o planejamento de exposição? Colocando a marca em contato com o público certo? Na mídia certa?

Ah, isso é importante!

Mas não é o principal.

Nem o jingle.

Nem o nome

Nem o mascote!

A coisa mais importante de uma marca... É sua verdade.

Uma marca quer ser *inovadora*?

Ela precisa de colaboradores que gostem de experimentar.

Uma marca quer ser *acolhedora*?

Ela precisa de colaboradores que gostem de gente.

Se a marca não se baseia em uma cultura real é só questão de tempo para as pessoas descobrirem que todo o trabalho de marketing é tão verdadeiro quanto slogans do tipo:

"O gerente ficou louco! O preço baixou!".

É como Peter Druker costumava dizer...

"A cultura come a estratégia no café da manhã".

Quem somos? Para onde vamos?

Para analisar a cultura de uma equipe, essas são as duas perguntas fundamentais. Mas você precisa inverter a ordem!

1º - Para onde vamos?

Antes de tudo, escolha um destino. O que, afinal, você precisa? Uma equipe mais ágil? Mais flexível? Mais sensível? Mais preocupada?

Tudo ao mesmo tempo não existe.

Escolha – com clareza! - quais características seus liderados devem ter como destaque! Que tipo de gente você quer liderar? Que tipo de gente sua empresa deve ter?

Pense em quem são aquelas pessoas da equipe que, se você pudesse, pagaria uma clonagem.

– A Sandra é excelente! O único ponto fraco dela é que não sabe fazer mitose!

Usando o diagrama de Boris Groysberg, professor de Harvard, você pode mapear os pontos que fazem "Sandra" ser a sua profissional referência.

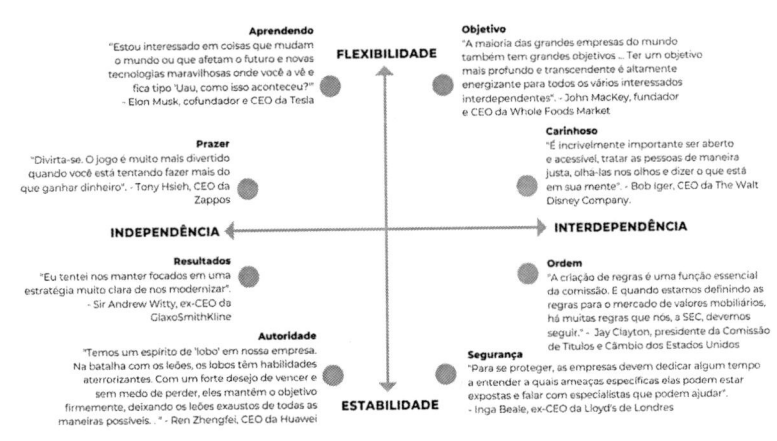

Fonte: Spencer Stuart, Harvard Business Review

Com isso, nós teremos uma noção melhor de para onde vamos.

2º - Quem somos?

Agora, com o mesmo diagrama, mapeie a situação atual da empresa. Muita gente? Pegue apenas os líderes. São os conectores, lembra?

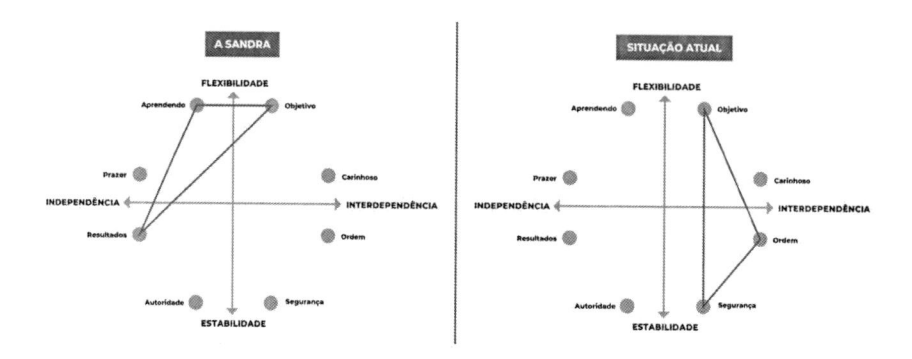

Fonte: Spencer Stuart, Harvard Business Review

Finalmente, o gap está mapeado.

Agora você sabe o tamanho do buraco!

Hora de tomar uma decisão.

A) Demitir essas pessoas.

B) Fazer com que elas passem por um processo de transformação cultural.

E, na sequência, tudo vai dar errado.

Segundo a McKinsey, um a cada três programas de mudança cultural acaba falhando.

Outra pesquisa mostra que as empresas gastam uma média de US$ 2.200 dólares por funcionário para "melhorar" a cultura. Mas só 30% dos CHROs acham que foi um dinheiro bem gasto.

O fato é que os modelos de consultoria e treinamentos precisam ser revistos. O formato precisa ser repensado desde a base, com os funcionários participando de todo o processo.

A questão é: como?

Escolheu a direção? Entrou no carro?

NÃO ESQUEÇA DE LEVAR AS PESSOAS COM VOCÊ.

Segundo a Gartner, 87% dos colaboradores simplesmente não entendem o "tal plano de mudança".

69% até entendem, mas não acreditam nele.

Ou seja, não vai adiantar você forçar uma transformação cultural que não converse com a essência das pessoas.

Talvez, aqui, seja um bom momento para contar a história chamada...

Como a Patrícia aprendeu a se apaixonar pelo branding

O saque veio tão forte, na recepção da bola, o barulho explodiu para a quadra inteira. É o tipo de situação na qual "ninguém sabe pra onde essa bola vai". Mas como estavam em formação de W, tinha jogadora em tudo que é canto.

A levantadora conseguiu preparar o ataque e a Patrícia aproveitou. Deu um ataque rápido, daqueles com raiva. A bola furou o bloqueio e bateu na quadra inimiga.

Ponto!

– Você tem futuro no vôlei! – disse o técnico do time de Juiz de Fora, patrocinado pela Coca-Cola.

...

– Você NÃO TEM futuro no vôlei! – disse o pai dela, em casa, enquanto conversavam.

– Pai, mas ele me chamou para ir jogar pelo Mackenzie! Em Belo Horizonte!

Patrícia era uma fanática. Do tipo que acordava de madrugada para assistir ao Montanaro, na tela da Globo. Você não se lembra de quem era o Montanaro? Pois é. Ela se lembra. Viu só?!

Treinava quatro horas por dia, todos os dias. Mas nunca achou um bloqueio mais difícil de passar do que o do senhor Roque. O homem não queria deixar uma menina ir embora de casa sem família nenhuma. E estava errado?!

– Você não tem nem 15 anos! Ele que volte e te chame de novo quando você tiver 21!

Patrícia aprendeu no vôlei que resiliência é fundamental. Teve que procurar forças de dentro para seguir em frente.

Encontrou.

Entrou na faculdade de Administração e acabou indo trabalhar diretamente para o superintendente na Caixa Econômica Federal

...

– Meus amigos eram do vôlei. Os amigos dos meus amigos eram do vôlei. Os amigos dos meus amigos dos meus amigos eram do vôlei.

Patrícia acabou casando com... Parabéns! Você adivinhou! Um jogador de vôlei!

É, gente... Naquela época não tinha essas coisas de conhecer gente em aplicativo.

O problema é que, naturalmente, eles eram sujeitos às temporadas de jogos e aos contratos que apareciam. Na prática, quando surgiu a oportunidade de jogar em um time europeu, Patrícia teve que abandonar tudo que havia construído no Brasil e ir para a Europa ser... mulher de alguém.

Como se reconstruir?

"Encontrar forças de dentro... Olhar para dentro...".

Lembrou-se de que, quando pequena, desenhava roupinhas para as bonecas e mandava para a costureira.

Na mesma tarde, se inscreveu em uma escola de moda de Milão. O Instituto Marangoni, onde se formaram pessoas como os amigos Domenico e Steffano. Mas que você deve conhecer pelos sobrenomes: Dolce e Gabanna.

...

Dois filhos depois, Patrícia percebeu que sua vida tinha uma coisa boa e outra muito ruim.

A boa é que:

– Eu seguia a vida profissional do meu marido. Moramos no sul, no Rio, em São Paulo, no interior de São Paulo e, finalmente, na Itália. Ele ia, lá ia eu.

A ruim é que:

– Eu seguia a vida profissional do meu marido. Moramos no sul, no Rio, em São Paulo, no interior de São Paulo e, finalmente, na Itália. Ele ia, lá ia eu.

Chegou o momento em que a relação não fazia mais sentido. Mas a Patrícia, sem ser "a mulher dele", era o quê?!

Giulia tinha acabado de completar dois aninhos e Gianmarco, no colo, com oito meses, não parava de chorar. Patrícia tinha 27 anos, dois bebês e nenhuma perspectiva. A família? Do outro lado do Atlântico.

Patrícia passou dias em silêncio, sem saber onde ia encontrar forças para continuar.

Daí, lembrou-se!

... De dentro!

Patrícia seguiu em frente.

Trabalhou com marcas e coleções por algum tempo, chegou a ser professora de tendência em institutos bem respeitados no país.

Até descobrir que o que mais lhe interessava no mundo da moda não eram as roupas e, sim, a *expressão*.

"O que me tocava não era a estética e, sim, como ela representa quem nós somos por dentro!".

Então, quando parecia que sua vida ia "aquietar", continuou viajando por aí! Mas, dessa vez, correndo atrás dos próprios sonhos.

Continuou viajando o mundo. Mas, dessa vez, "não era porque o empresário do marido tinha conseguido um bom negócio. Era por mim!".

"Fui para Milão, para Atlanta, Barcelona, Amsterdam e Nova York – na Columbia University – para estudar Imagem e Comunicação e, depois, *Branding*. Eu queria entender como fazer cada pessoa saber encontrar o seu melhor, como eu tinha encontrado o meu!".

Anos depois se tornou uma das maiores especialistas de *Branding* do país, inclusive, com vários clientes do mundo do vôlei (você deve se lembrar de alguns que apareceram neste livro), de outros esportes e, ainda mais, do universo empresarial e corporativo nacional.

"O que eu tento fazer com meus clientes é o que eu fiz com a minha vida. Se apropriar da sua história para se reinventar".

A estrutura do branding

É desejável que as pessoas tenham habilidades técnicas variadas. Mas os valores pessoais do time precisam espelhar uma identidade única.

Senão, não é uma cultura. É só um monte de gente. Está menos para uma equipe e mais para um metrô.

Esse alinhamento completo, portanto, é assim:

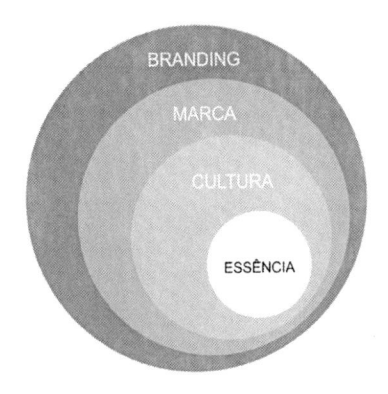

Desenhar o *Branding* é fazer um diagnóstico que una a essência de cada indivíduo com os objetivos de negócio da empresa, colocando luz e energia nos pontos que sejam estratégicos.

Não funciona se não tiver base no que a pessoa realmente tem.

Quer ver? Faça um rápido exercício.

O exercício do slogan

Pegue uma folha de papel.

É algo importante, vale a pena ser feito à mão!

Pense em si mesmo como um produto.

Por que deveríamos comprar o líder que você é?!

Ou, melhor ainda:

Por que deveríamos comprar o líder que você vai se tornar?!

Com base nessa resposta, crie um slogan.

Isso! Um slogan pra você mesmo!

Coloque, na folha de papel, seu nome e uma frase que resuma o que você tem a oferecer.

E você vai perceber que nenhuma marca é tão forte, nem nenhuma mudança tão transformadora...

Que aquela baseada na verdade.

...

Talvez a história pessoal da Fabiana possa contar um pouco sobre isso.

Minha primeira experiência de liderança

Meu pai teve uma grande sorte.

Recebeu uma promoção do trabalho que vinha acompanhada de uma mudança para os Estados Unidos. Isso foi em 1979. Nesse ano, os efeitos especiais de "Tubarão" ainda assustavam bastante.

Ele foi mandado para morar em Raleigh, na Carolina do Norte.

Éramos meus pais, minha irmã e eu, que tinha seis anos.

Na época, eu já sabia várias coisas em inglês, como: ball, dog e red (que eu tinha certeza de que significava azul).

– Filha, vem cá.

– Oi, mãe.

– Enfia esses papéis no bolso.

– O que é isso, mãe?

– Este aqui, escrito: *"Can I go to the bathroom?"*, você mostra para a professora quando quiser ir ao banheiro, tá bom? Escrevo aqui no verso! BA-NHEI-RO!

– E este aqui? Cami drinqui vater?

– Esse é para beber água... Á-GUA. Pronto, coloquei pra você.

– E este?

– O *"Call my sister"*? É para emergências.

– Obrigada, mãe!

(certamente, o *"Call my sister"* era o mais valioso.

E ainda é assim, até hoje!).

Quando eu cheguei à escola, obviamente, não conseguia conversar com ninguém. E mesmo com tantos papeizinhos no bolso, não dá para fazer muitos amigos com frases do tipo: *"Hi! My name is Fabiana!"* e *"Can you check my homework?"*.

Às vezes, as crianças até debochavam de mim. A sorte é que eu não entendia.

Uma professora, muito carinhosa, tentou me ajudar. Se aproximou de mim e, com toda boa vontade que tinha, se esforçou para dizer:

– *Mucho gusto conocerte. Soy la maestra Marsha Walton.*

A coitada não sabia que, assim, eu entendia menos ainda. Só me lembro de ter pensado:

– Pronto. Só faltava essa. Agora vou ter que conseguir papeizinhos em espanhol também!

Eu não compreendia o que Marsha dizia, mas entendia que era carinhosa comigo e todas as crianças.

– *Hey, you can do that! Or even better, we can do that! Together.*

Sei que, para a maioria das pessoas, aulas de matemática não são boas lembranças. Mas foi durante uma delas que eu vivi algo muito especial.

Marsha passou a primeira lição de soma e subtração e pediu que fizéssemos as contas nos cadernos. Depois, passou andando pelos corredores, acompanhando o andamento de cada um.

– Fabiana, você não vai fazer a lição?

– Eu já terminei, professora.

– Você já... O quê?!

(ou, na versão original, que fica bem mais interessante: *WHAT?!*).

Não, eu não sou nenhum gênio dos números. Acontece que o conteúdo programático do Brasil era um ano adiantado em relação ao de lá. Ou seja, eu já tinha aprendido tudo no ano anterior.

Marsha chamou a sala e disse:

– A partir de hoje, Fabiana será a professora adjunta de Matemática. Ela vai passar as contas na lousa e tirar as dúvidas. Quanto terminarem de fazer, levem para ela corrigir.

Foi minha primeira e mais marcante experiência de liderança.

Os dois líderes

Alguns pais se chamam José, outros se chamam Roberto.

Alguns pais se chamam Ricardo, Diógenes ou Lucas.

No futuro, muitos pais se chamarão Enzo!

Mas meu pai... se chama Professor.

– Mas professor não é título?

– Não no caso dele. Chamam de Professor Alexandre há tanto tempo que já acostumou! Se chamar sem o Professor acho que nem escuta mais.

Graduado em Engenharia Têxtil, foi o primeiro ex-aluno do Senai a dirigir... o próprio Senai nacional.

Foi responsável, entre outras coisas, pelo planejamento de carreira dos filhos de vários políticos e empresários do país. Entre eles, por exemplo, vice-presidentes.

– Professor Alexandre?

– Sim, filha.

– Escolhi a faculdade que eu vou fazer.

Não foi tão difícil assim. Afinal, minhas opções eram bem limitadas.

– Direito, Medicina ou Engenharia. O resto não é profissão, é hobby!

E como, graças a Marsha Walton, eu tinha aprendido a gostar de matemática, fiquei com Engenharia mesmo.

Os anos passaram e me especializei na área Têxtil, com mestrado em Produção. Trabalhei com meu pai por muitos anos, e posso dizer que... tranquilo, não foi.

Alguns pais acham que nós devemos "trilhar nosso caminho".

Outros acham que só "trilhar" é pouco, nós temos é que "correr atrás".

Meu pai?

– Filha, seja lá o que decidir, faça com vontade. Quebre a perna!

Aprendi muito.

...

Em 1956, pelo menos duas mudanças aconteceram no Brasil.

A primeira, da Capital. Pelo menos no papel, pois o Senado aprovou tirar o palácio do Rio de Janeiro e mandar para o meio de Goiás.

A segunda não chamou tanta atenção. Foi de um menino chamado Itamar, que se mudou aos 15 anos para trabalhar como trocador de ônibus e "biscateiro", como se chamava na época.

Esse mesmo menino, anos depois, construiu uma empresa chamada Embelleze, umas das maiores marcas de beleza do país.

– Eles querem que eu seja a líder do produto nº 1 de vendas!

– Sério?! E você vai aceitar?!

– Já aceitei, faz meia hora.

Poucos meses depois estava dentro do chamado *Core Team* de Inovação, fazendo pesquisas em Nova York.

Apesar do tamanho, a Embelleze é uma empresa familiar. O que significa que é uma continuação da sala da casa! Tem gente emocionada no corredor, abraço inesperado no meio do dia e gargalhadas familiares de vez em quando. Nesse contexto, seu Itamar, que hoje tem 79 anos, virou uma referência de liderança para mim.

Talvez, por isso, tenha sido tão difícil seguir em frente.

– Você está pedindo demissão, Fabiana?

– Sim, senhor Itamar. – Eu meio falava, meio chorava.

O caso é que o Rio-Sul me chamou para gerenciar um projeto grande, inovador. Só aí que eu percebi que precisava justamente disso...

Um espaço realmente meu

Dois anos depois, Fabiana recebeu um baque inesperado.

– Câncer?

– Sim, Fabiana.

"Lembro de ter pensado bem assim: 'Então vai acabar tudo?! Com tanta coisa que eu ainda quero fazer?!'".

Fomos juntas na biópsia, ficamos juntas em todos os momentos.

– Eu estou revendo muita coisa, Patrícia.

– Na vida?

– Na vida.

Da porta do hospital para dentro começaram as sessões de radioterapia.

Mas a verdadeira revolução aconteceu da porta do hospital para fora.

A Fabiana mudou completamente o estilo de vida. Se separou, criou uma rotina de viagens, de esportes e passou a ficar mais tempo com os filhos...

– E o trabalho?

– O que é que tem o trabalho?

– Vai continuar?

– É tudo que eu mais quero! É onde eu me sinto mais feliz! Ele me faz bem!

Entendi que o prazer de desenhar projetos e liderar pessoas que ela confia não era um acessório na vida dela. Era, pelo menos em parte, a própria vida dela!

Considerando que você passa 8 horas por dia na sua empresa (estou sendo boazinha, aposto que você fica mais!), isso seria o mínimo, não?

Já pensou? Se todos nós fizéssemos aquilo que realmente acreditamos? Mais do que isso... Vivêssemos aquilo que realmente acreditamos?

Se pudéssemos ter a certeza de que, sempre que chegamos em casa do trabalho, cumprimos um dia a mais – e não a menos! – nas nossas vidas?

A cirurgia foi em 2017, hoje ela está curada e livre.

Para ser quem ela quiser.

E você?
Quem você quer ser?

Sabe o que Flexibilidade, Sensibilidade, Comunicação, Confiança e Intuição têm em comum?

São só palavras.

E elas não vão fazer diferença nenhuma na sua vida enquanto permanecerem assim.

Não adianta você conhecer profundamente o conceito de empatia, não importa quanto você estudou sobre organização de trabalhos, ninguém quer saber quantos *podcasts* você ouviu sobre *team management*.

A verdadeira liderança não se prova com conceitos e, sim, com atitudes.

Queremos terminar fazendo um convite, portanto.

Encontre em você!

Encontre sua própria Flexibilidade.

Ela existe, não temos dúvida nenhuma disso. Você não estaria lendo um livro, procurando ser alguém melhor, se achasse que já está no topo do mundo.

Encontre sua própria Sensibilidade.

Afinal, mesmo a pessoa mais durona do mundo, no fundo, está só se defendendo para não se machucar de novo, não é mesmo?! Ser sensível não é fácil, pois significa ser disponível. Inclusive, para se machucar! Mas desde quando liderança não envolve risco?

Encontre sua própria Comunicação.

Sua voz. Seu jeito. Seu estilo. Cuidado com o excesso de regrinhas de oratória! Coloque seus sentimentos na mesa, acolha os sentimentos dos outros. Comunicação é isso.

Encontre sua própria Confiança.

Criando vínculos. Inclusive, consigo mesmo!

Quantas coisas você já deixou para trás? Quantas oportunidades você acabou perdendo? Só por que faltou aquela certeza cega para arriscar? Vamos deixar claro!

Não é que tudo vai dar certo. Claro que não! É a confiança de saber que, seja qual for o desfecho, você vai estar inteiro e melhor do que entrou.

Encontre sua própria Intuição.

Acredite nos seus sentimentos tanto quanto acredita no seu raciocínio. Afinal, nenhum deles pode estar certo ou errado o tempo todo.

Você só será o melhor líder que pode ser quando partir de si mesmo. É aí que está toda matéria-prima que precisa para construir aquele guia que, daqui alguns anos, dezenas de pessoas (centenas? Mais?!) vão se lembrar com carinho e dizer:

– Lembra? Foi a melhor liderança que eu já tive!

Você terminou de ler o Código Feminino da Liderança.

Mas o caminho está só começando.

Lembra-se daquela perguntinha? "Quem você quer ser quando crescer?!".

Segue uma pequena atualização!

Quem você quer ser... depois que este livro terminar?

Hora de decidir.

SOBRE AS AUTORAS

FABIANA DE LUNA RODRIGUES

Fabiana de Luna Rodrigues mescla a formação em Marketing com a formação em Engenharia. Afinal, é engenheira pela Uerj e mestre em Engenharia de Produção pela UFRJ, com especialização em Gestão Estratégica pela Insead e Marketing pela ESPM. Essa mistura entre o "método" e a "alma" é sua essência e a chave da sua trajetória profissional.

Em sua proposta de mestrado para UFRJ, em 1998, já defendia que o consumidor deveria ser o ponto de partida do processo de criação da Indústria de Moda Nacional. Foi com esse tom que gerenciou, por anos, a área de Estratégia e Mercado conjuntamente com o Marketing e a Comunicação do Senai/CETIQT. Lá, idealizou e implantou projetos estratégicos, entre eles a Faculdade Senai/CETIQT e o Observatório de Comportamento e Consumo do Sistema Indústria, que se mantém como um dos projetos centrais da organização.

Gerenciou o marketing da Embelleze, multinacional brasileira que lidera o ranking mundial em diversos produtos de beleza, sempre buscando a transformação das vidas das mulheres. Lá, geriu estudos de Comportamento e Consumo, o desenvolvimento de produtos e o go to marketing. Hoje, gerencia o marketing e os projetos de inovação do RIOSUL Shopping Center, "um dos mais badalados centros de compras do Brasil", segundo a revista *Exame*.

PATRÍCIA DALPRA

Patrícia Dalpra não apenas defende o conceito de Life Long Learning, ela o vive.

Passou anos buscando por formação sólida e desenvolvimento verdadeiro, atrás de "um mundo de conhecimento". Afinal, na Itália, tornou-se especialista em Design de Moda pelo Instituto Marangoni e, também, pela Domus Academy, para aprofundar a aprendizagem. Em Barcelona, realizou pós-graduação em Personal Branding na Blanquerna, na Universitat Ramon Llull. No Chile, formou-se como coaching ontológico no Newfiel Network. Finalmente, em Nova York, realizou a formação executiva em Branding para Liderança na Columbia University e a graduação como coaching executivo no Behavioral Coaching Institute.

Patrícia também foi convidada para criar o curso de Consultoria de Imagem do Senai CETIQT. Lá, criou o Laboratório de Comportamento e Consumo. As pesquisas realizadas se transformaram no livro que desenvolveu chamado *DNA Brasil* (2009), no qual mapeou as principais tendências de consumo das cinco regiões brasileiras. Em 2001, fundou a PD Imagem e Carreira, empresa que direcionando pessoas em seus processos de planejamento de carreira, direcionando as pessoas a se conectarem com seu propósito, e usarem essa conexão como a base do seu planejamento de carreira. Patrícia conduz a pessoa a fazer escolhas de dentro para fora. Ou seja, utiliza seu conhecimento e, com cuidado, transforma vidas.

Da mesma forma como fez – olha só! – com a própria história.